1

Boris Zwölf
&
Friedrich Sieben

„JA MOIN"

Eine Schule.
Zwei Perspektiven.
28 Geschichten.

1. Auflage
© 2019 - Friedrich Sieben
Herstellung und Verlag
BoD-Books on Demand,
Norderstedt
ISBN 978-3-7504-2848-5

Die Geschichten dieses Buches beruhen auf wahren Begebenheiten.

Zur Wahrung von Persönlichkeitsrechten wurden Namen, Orte und Zeitpunkte verändert.

Aus dramaturgischen Gründen wurden in einigen wenigen Fällen Handlungen anderen handelnden Personen zugeschrieben.

„Der Schüler sieht im Lehrer nur noch den Aufpasser und den Quälgeist seiner Kinderjahre; der Lehrer erblickt dagegen im Schüler nur noch eine drückende Last, nach deren Abnahme er sich herzlich sehnt."

Jean-Jacques Rousseau

„In den letzten fünf Jahren haben Sie uns unterrichtet, sich gekümmert, organisiert und uns damit Flügel verliehen. Vielen Dank! Wir werden Sie nie vergessen, Friedrich Sieben! Bester Lehrer des Universums! Ihre Klasse 10A"

Inschrift einer Glastrophäe und eines Pokals

„Heute ist der letzte Tag an dieser Schule und wir freuen uns sagen zu dürfen, dass wir den nächsten Abschnitt in unserem Leben abhaken und uns auf das Neue stürzen können! (...)

Der Abschluss, ist nicht nur ein Abschluss, sondern auch ein Neuanfang! (...) Vielen Dank für die fantastischen Jahre!"

Boris Zwölf in seiner Rede zur Zeugnisverleihung

Vorwort

Was hältst du von unserem Schulsystem?

Ich fände es besser, wenn man länger zusammen lernen würde, weil man als Kind häufig noch nicht so checkt, wie wichtig Schule ist. Beispielsweise sieben Jahre Grundschule für alle und in Klasse 8 wechselt man dann auf eine Hauptschule, Realschule oder eben aufs Gymnasium. So etwa wie in Berlin.

Wenn es ab der 8. langsam schwerer wird, macht es wenig Sinn, dass Hauptschüler mit Gymnasiasten zusammen im gleichen Unterricht sitzen. Hauptschüler haben sowieso mit dem Vorurteil zu kämpfen, die faulsten zu sein. Dann sollte man sie in der Schule angemessen fördern können und ihnen nicht jeden Tag mit Besseren in der Klasse zeigen, dass das Klischee stimmt.

Ich habe am Ende der Grundschule eine Empfehlung für die Hauptschule bekommen, weil ich faul war. Erst später habe ich gelernt und mich verbessert und werde nun studieren können. Bis zum Ende der 7. Klasse war ich so fleißig, dass es sicher fürs Gymnasium gereicht hätte. Mit unserem System musste ich ein paar Umwege in Kauf nehmen, weil zu früh bewertet wurde, was ich drauf habe.

Ist jede Lehrkraft anders oder gibt es Kategorien für dich? Wenn ja, welcher Lehrertyp ist für dich ideal?

Eigentlich sind alle Lehrer individuell. Genauso wie die Schüler. Aber am Ende passen doch viele in eine bestimmte Schublade.

Ich komme auf insgesamt vier Kategorien. Da gibt es zunächst einmal den Spießer. Er trägt eine Monsterbrille, beigefarbene Chinohosen, gemusterte Hemden und im Winter einen Strickpullover. Er hat mal ein Hauptfach und ein Nebenfach studiert, kann aber mittlerweile alle Fächer unterrichten oder denkt es zumindest.

In seinem Aktenkoffer hat er immer kopierte Aufgabenblätter dabei, die teilweise so oft kopiert wurden, dass man nichts mehr drauf erkennen kann. Wenn man dann nachfragt, sagt er, dass das klar und deutlich zu entziffern sei und man sich einfach mehr Mühe geben solle.

Er erklärt neue Themen an der Tafel nur ein einziges Mal, schreibt klein und hat ein eigenes System entwickelt, wie die Tafel beim Putzen besonders sauber wird. Bitten, es noch einmal erklärt zu bekommen, quittiert er mit dem Daumen in Richtung Tafel und sagt dann: „Da steht alles was du brauchst."

Bringt jemand in seinem Unterricht einen Gag, lachen alle und er brüllt „Ruhe". Die fortgeschrittenen Spießer gucken nur streng. In der letzten Stunde vor den Ferien macht er regulären Unterricht und gibt Hausaufgaben auf.

Als zweites sehe ich den Alles-durchgehen-Lasser oder auch Lappen. Er trägt zu kurze Jeans, sodass man die weißen Socken über den ausgelatschten Lederschuhen sehen kann. Dazu entweder ein buntes Hemd aus der Hose oder ein Shirt aus irgendeinem Urlaub mitgebracht oder mit einem pseudowitzigen Spruch.

Im Winter trägt er eine verdreckte Daunenjacke aus den 90ern, weil er die „wie neu" findet oder eine noch ältere, speckige Lederjacke.

Seinen Reissalat aus der eingebeulten Blechdose trägt er in einer alten Ledertasche herum und versucht sich beim Gang durch die Schule möglichst unauffällig zu verhalten. Wenn man ihn grüßt, ist er unsicher, ob er gemeint ist.

Im Unterricht kann er sich nicht durchsetzen. Beispielsweise würde er kein Handy einkassieren, auch wenn man es direkt vor ihm rausholen würde. Nicht, weil er nachvollziehen kann, dass man eine wichtige Nachricht kurz checken will, sondern weil er dem möglichen Konflikt aus dem Weg gehen will.

Er erklärt den Unterrichtsstoff so oft man will, aber nie wirklich verständlich, auch weil es nie wirklich leise bei ihm. Wirklich Ruhe gibt es nur, wenn er einen Film zeigt, weshalb das sehr häufig passiert. Wenn man keine Lust auf seinen Unterricht hat, spricht man wie zufällig seine Lieblingsserie oder sein Lieblingsreiseland an und schon setzt er zu einem euphorischen Vortrag an, der mindestens die Hälfte der Stunde einnimmt.

Für eine bessere Note auf dem Zeugnis, reicht eine Diskussion kurz vor den Zeugniskonferenzen mit ihm, in der man ihm vorwirft, nicht gut erklärt zu haben. Bei den Fortgeschrittenen muss man dann doch noch ein Referat halten und kommt mit einem frisierten Wikipedia-Artikel am Ende doch noch auf eine 2. Oft ist er kein richtiger Lehrer.

Als drittes gibt es noch die Regelfanatikerin. Sie trägt Stoffhose, weiße Bluse und ihre Haare sind nach hinten zu einem Zopf geknotet.

Obwohl es einen festen Beamer im Raum gibt, arbeitet sie mit einer 20 Jahre alten Folie auf dem Overhead-Projektor.

Auf Nachfragen zum Unterricht sagt sie: „Ich muss von Oberstufenschülern erwarten können, dass sie relevante Informationen selbstständig recherchieren können."

Fehlen Hausaufgaben oder die Berichtigung ruft sie mit absoluter Sicherheit nachmittags die Eltern an oder lässt einen am gleichen Tag noch nacharbeiten.

Sie lässt niemals jemanden vor dem Gong gehen und

sagt häufig: „Die Lehrerin beendet die Stunde."
Handys würde sie am liebsten zerstören und nicht nur für einen Tag einkassieren, wenn man beim Benutzen erwischt wurde.
In der letzten Stunde vor den Ferien denkt sie, sie sei besonders schülernah, wenn sie ein Mathequiz durchführt.

Und als letzten Lehrertypen gibt es noch den Coolen. Er trägt im Sommer kurze Hose und Marken-Shirt mit Emblem, dazu Sneaker. Die Aufsicht auf dem Hof macht er bis tief in den Herbst mit Sonnenbrille. Sein Schlüssel hängt an einem Schlüsselband, auf dem „Calea" und das aktuelle Kalenderjahr stehen.
Er hat immer sein Handy im Unterricht an und liest auch Nachrichten. Bei der Skifreizeit fährt er auch mit, wenn er in der Jahrgangsstufe überhaupt nicht unterrichtet. Sein Unterricht fällt häufig aus, weil er mit anderen Klassen auf Ausflug oder auf Klassenfahrt ist.
Seine Klassenarbeiten sind fair und machbar. Und irgendwo ist immer ein Rechtschreibfehler in der Aufgabenstellung.
Er ist hilfsbereit und hat immer einen Spruch auf Lager, der manchmal sogar wirklich witzig ist.
Reißt einer einen Gag im Unterricht, lacht er mit, hat aber immer das letzte Wort. Er kann gut erklären und macht das bei Bedarf auch drei mal.

Natürlich finde ich den coolen Lehrer für mich am besten, aber ich muss sagen, dass es immer eine Mischung geben sollte. Nur coole Lehrertypen wären sehr schwierig. Später im Leben muss man auch mit den unterschiedlichsten Persönlichkeiten umgehen können.

Was hat dich in deiner Schulzeit besonders geprägt?

Auf jeden Fall das 1x1. Dann habe ich Freundschaften geschlossen, aber auch Feindschaften haben sich entwickelt.

Nach dem Schulwechsel fand ich krass, wie schnell man Leute aus den Augen verliert, mit denen man auf der alten Schule total eng befreundet war.

Insgesamt bin ich durch die Schule sicher reifer geworden und habe natürlich auch was gelernt. Hoffentlich auch mehr als nur das 1x1.

Was ist aus deiner Schulzeit in Erinnerung geblieben?
Als in der Klassengruppe ein Pornovideo auftauchte, das auf dem Schulhof gedreht worden war.

Hattest du Lieblingsfächer?
Sport. Aber das macht auch nur mit dem richtigen Lehrer Spaß. Und Leichtathletik sollte aus dem Lehrplan für immer gestrichen werden.

Wie sah die Verteilung deiner Motivation zum Schulbesuch aus?
Zu 80% geht man in die Schule, um seine Freunde zu treffen. Selbst wenn der beste Freund krank ist, sind noch genug andere da, um sich einen coolen Tag zu machen.

Nur die restlichen 20% machen Bock auf Lernen aus.

Wie sehr ist denn dein Freundeskreis durch Schule geprägt?
Gar nicht so sehr, wenn ich genauer drüber nachdenke. Vielleicht zwei von zehn Leuten, mit denen ich was mache, kenne ich nur aus der Schule.

Individuelle Förderung von Schülerinnen und Schülern steht im Schulgesetz ganz oben. In welchen

Situationen hast du dich individuell gefördert gefühlt?
Da gab es sicher unzählige Situationen im Unterricht, an die ich mich jetzt nicht mehr erinnere. Mir fallen aber drei Momente ein, in denen wirklich ich zählte: In Sport hat mich mein Lehrer mal in die Volleyball AG gelotst und dann sogar vorgeschlagen, ich solle auf ein Sportinternat gehen, weil ich so talentiert sei.

Dann weiß ich noch, dass meine Französischlehrerin nicht nur einmal gesagt hat, dass ich viel weiter sei als die anderen und ich unbedingt am Ball bleiben solle. Das hat mich wirklich gepusht und ist mir bis heute in Erinnerung geblieben.

Die gleiche Rückmeldung habe ich auch in BWL erst vor Kurzem bekommen.

Ich weiß nicht, ob Lehrer wirklich wissen, wie sehr solche Sätze motivieren und am Ende sogar Lebensläufe beeinflussen können.

Bleiben wir mal dabei. Wie viel Einfluss hat Schule denn auf deinen Lebensweg?
Schwierige Frage. Mir sind diese Situationen in Erinnerung geblieben, aber letztlich sind anderen Faktoren wichtiger. Die beste Schule kann fehlende Intelligenz nicht ausgleichen und erst recht nicht, wenn sich deine Eltern für deine Entwicklung nicht interessieren oder sie keine Möglichkeit sehen, dich zu fördern. Das hängt auch von Geld ab.

Ich würde sagen, dass Eltern 40% ausmachen, wie du dich entwickelst, deine Intelligenz 35% und Schule am Ende nur 25%. Freunde spielen natürlich auch eine Rolle, aber die sucht man sich im Laufe der Jahre genau so, dass sie zu einem passen und nicht umgekehrt.

Wie sollte Schule für deine eigenen Kinder aussehen?
Prinzipiell so wie bei mir. Die Grundschule sollte streng

sein. Wenn ich dort zu faul war, wurden meine Eltern sofort informiert, meine Mutter redete anschließend stundenlang auf mich ein und ich habe mich dann wieder richtig reingehängt.

Anschließend Realschule oder Gymnasium. Keinesfalls würde ich meine Kinder auf eine Gesamtschule schicken. Und nach dem Schulabschluss sollen sie selber entscheiden, in welche Richtung sie gehen wollen.

Warum hast du bei diesem Buchprojekt mitgemacht?

Ich wollte schon immer ein eigenes Buch schreiben, habe es mir aber nie wirklich zugetraut. Es hat von Anfang an Spaß gemacht sich mit den Erinnerungen aus der Schule zu beschäftigen. Manches ist mir auch erst während unserer Vorbereitungsgespräche erst wieder eingefallen. Es war einfach auch eine gute Gelegenheit sich noch einmal zu erinnern und sich über manches auch zum ersten Mal mit ein wenig Abstand und ein bisschen mehr Reife nachzudenken.

1.

Elias

Ich verteilte die letzten Reste aus dem kleinen, grünen Futterkarton in die Kinderhände, die mir fordernd entgegen gestreckt wurden.

Jeder, der ein paar der gepressten Pflanzenkrümel erwischte, hielt sie direkt einer der Ziegen hin, die abgeklärt aus der Hand fraßen.

Die Schülerinnen und Schüler aller drei sechsten Klassen unserer Schule waren am Montag mit zwei Reisebussen aufs Land zur Klassenfahrt gefahren. Das seit Jahren erprobte Programm sah immer für den Mittwoch einen Tagesausflug in einen Wildpark vor.

Am Abend davor hatten wir auf dem Gelände der Jugendherberge draußen Würstchen gegrillt. Alle Würstchen waren aus Putenfleisch aus Rücksicht auf die zahlreichen muslimischen Schülerinnen und Schüler.

Ich hatte mit der Wendezange am Grillrost gestanden, als Kerim nachfragte, ob die Würstchen denn auch „halal" seien, also im muslimischen Sinne gesegnet.

Wahrheitsgemäß entgegnete ich, dass ich das nicht wisse, betonte aber nochmals, dass es sich um Würstchen aus Putenfleisch handele, die bedenkenlos auch von Muslimen gegessen werden könnten.

Das überzeugte Kerim offensichtlich wenig, denn er stellte seinen leeren Teller unter den Augen seiner Mitschülerinnen und Mitschüler sogleich beiseite. „Ne, dann esse ich es nicht, wenn das nicht halal ist."

Heiner, der Mathelehrer der 5A, nahm den Teller freundlich nickend an sich und gab sich verständnisvoll: „Wer von euch hat denn Lust auf Mc Donalds?", fragte er und löste Begeisterung bei der angetretenen Schülerschaft aus. „Ich", riefen viele und reckten dabei ihre leeren Teller in die Luft, um sich noch größer zu machen und noch deutlicher von meinen Grillwürstchen zu distanzieren.

Ich war sauer. Wie konnte Heiner nur so eine Frage stellen? Was sollte das? Würde er jetzt tatsächlich für alle zum nächsten Mc Donalds fahren? Wie weit war der von hier wohl entfernt? Und wer sollte das bezahlen? Aber ihm jetzt ins Wort fallen wäre unkollegial gewesen und hätte letztlich nur uns beide vor den Schülern geschwächt.

„Achso!", hielt Heiner mit belehrender Stimme fest. „Und denkt ihr, dass in jedem Mc Donalds hinten in der Küche ein Imam steht, der die Burger segnet?"

Betretenes Schweigen. Auch bei mir.

„So und jetzt guten Appetit", wünschte Heiner, hielt mir den Teller von Kerim hin und nickte mir zu.

Alle aßen nun Würstchen.

Die Aktion hatte mich beeindruckt. Ich auf meine Armbanduhr schaute. Es war Zeit den Rückweg anzutreten.

Während ich auch die letzten Wunschforstwirte vor mir her in Richtung Ausgang trieb, wo wir uns mit den anderen Klassen treffen wollten, rief mir Fernanda, die Klassenlehrerin der 6C, von der Seite meinen Vornamen zu.

Als wir schließlich nebeneinander gingen und uns kaum einer der Schülerinnen und Schüler zuhören konnte, raunte sie mir zu: „Du weißt schon wer, hat sich in die Hose gemacht. Und zwar volles Programm!"

Ich konnte es nicht glauben. Elias war elf Jahre alt, sicher etwas merkwürdig und ein Einzelgänger, aber in die Hose machen?

„Wie bitte?", fragte ich.

„Ja. Ich würde es auch nicht glauben, wenn ich es nicht selbst gesehen hätte. Wir können den unmöglich jetzt mit der Gruppe mitgehen lassen. Wenn das einer mitbekommt, kriegt er das noch bei der Abiturfeier aufs Brot geschmiert."

„Was machen wir denn jetzt?"

„Ich lasse mich jetzt zurückfallen und gehe wieder zu ihm. Wir kommen dann irgendwie mit dem Bus oder Taxi zur Jugendherberge. Geh du mit den anderen zu Fuß."

Fernanda hatte die anderen Kolleginnen und Kollegen schon informiert, sodass wir am Ausgang nur vielsagende Blicke tauschen und nichts mehr aussprechen mussten.

Ich bildete den Schluss unseres Marsches durch den Wald zurück nach Hellenthal und achtete darauf, dass niemand der fast 90 Schülerinnen und Schüler hinter mich geriet. Dabei unterhielt ich mich mit einzelnen über ihre Berufswünsche, Lieblingsfächer oder deren Hobbys und erklärte, was eine Futterkrippe ist.

Nach anderthalb Stunden erreichten wir über einen steil aufsteigenden Trampelpfad die Jugendherberge. Leonie rutschte auf dem nassen Laub beim Aufstieg aus und landete mit den Knien im Matsch. Als ich ihr aufhelfen wollte, meinte sie tapfer, dass das kein Problem sei und lief über den Vorhof in das Gebäude hinein.

Ich stand nun alleine vor der schweren Holztüre. Alle Schülerinnen und Schüler und auch die Kolleginnen und Kollegen waren bereits hinein gegangen.

Als ich noch einmal ohne Erwartung zurück in das Waldstück, aus dem wir gekommen waren, blickte, entdeckte ich Elias. Er musste die ganze Zeit weit hinter uns her gegangen sein, denn ich hatte ihn während unserer Wanderung nicht ein einziges Mal wahrgenommen. Und wo bitte war Fernanda, die sich doch um ihn kümmern wollte? Warum waren sie nicht mit dem Taxi gefahren?

Ich ging zurück in Richtung Wald, auf Elias zu und suchte weiter nach Fernanda. Wie konnte sie den Jungen in seiner Situation nur alleine lassen? Unverantwortlich.

Ich sprach Elias vorsichtig an. Ich wollte ihm vermitteln, dass ich von seinem Malheur wusste, ohne dass er noch etwas dazu sagen musste.

„Wie geht es dir?", fragte ich. Das erschien mir neutral genug, um ihn nicht zu blamieren und dennoch zugewandt.

Er blickte zu mir auf und warf den Ast, mit dem er bisher unmotiviert gegen einige Baumstämme im Gehen geschlagen hatte, ins Gebüsch. Man konnte den Eindruck gewinnen, dass er mich bisher auch nicht wahrgenommen, aber gleichsam nichts und niemanden auf seiner Wanderung vermisst hatte.

„Gut", gab er zurück.

„Ok", quittierte ich und überlegte sogleich, wie ich nun behutsam weiter vorgehen konnte. Vor allem, wie ich Elias nun ohne ein Aufeinandertreffen auf seine Mitschüler ins Haus bekam.

Wir gingen gemeinsam auf den Hauseingang zu.

„Du gehst jetzt am besten direkt in den dritten Stock hoch. Da sind auch Duschen auf dem Gang und da sind keine Schüler von uns untergebracht. Du kannst mir deine Unterhose und deine Hose dann geben. Ich mache das dann schon."

Elias schaute mich schweigend von der Seite an. Der Junge bekam kein Wort raus. Zu unangenehm schien ihm die ganze Sache zu sein.

„Ach und vorher holst du noch frische Unterwäsche und eine neue Hose aus deinem Zimmer."

Er sagte immer noch nichts, sodass ich eine rhetorische Frage anschließend musste: „Ok?"

„Ja. Ok", sagte Elias.

Die Programmplanung kam uns zur Hilfe, denn die drei Klassen hatten sich im Aufenthaltsraum zur Nachbesprechung des Besuchs im Wildtierpark versammelt, sodass Elias und ich unbemerkt zunächst in sein unverschlossenes Zimmer gehen, dort frische Wäsche aufnehmen und uns anschließend in den dritten Stock aufmachen konnten.

Er ging auf der Treppe vor mir und bevor ich in den Schattenfalten seiner Jeans etwas erkennen musste, was ich nicht sehen wollte, schaute ich starr auf die Stufen.

Vor dem Sanitärraum auf dem Flur stoppte ich und schärfte Elias ein, sich gleich besonders gut zwischen den Beinen einzuseifen und abzuwaschen.

Er nickte verstohlen. Ihm war es immer noch peinlich. Natürlich.

Ich sagte ihm, dass ich auf dem Flur warten würde, damit er mir seine Hose und die Unterhose nach dem Duschen übergeben könnte.

Er ging in den großen, grün gefliesten Raum, der aufgeheizt muffig und wenig einladend aussah, verschloss hinter sich die Türe und schon bald konnte ich das Rauschen des Wassers hören, während ich auf dem Flur auf und ab ging.

Nach zähen Minuten verstummte der Wasserstrahl, ich hörte nasse Füße auf gefliestem Boden und schließlich den Schlüssel im Türschloss.

Die nassen blonden Haare klebten an seiner Stirn oder standen von seinem Hinterkopf ab.

Schweigend schaute er zu mir auf und erwartete offensichtlich noch einmal gesagt zu bekommen, was er nun machen solle.

Ich nahm ihm Hose und Unterhose mit spitzen Fingern ab und schickte ihn hinunter zu den anderen.

Als er sich bereits einige Schritte entfernt hatte, rief ich ihn noch einmal an: „Elias. Keine Angst! Das bleibt hier alles unter uns. Du musst dir keine Sorgen machen."

Er nickte mir zu und ging dann noch schneller als zuvor, zum Treppenabgang.

Ich ging in mein Einzelzimmer und legte die Hosen in mein Waschbecken, drehte das Wasser auf. Aus meinem Kulturbeutel fischte ich ein Duschgel und quetschte die dreifache Tagesmenge aus der Tube. Der entstehende Schaum überdeckte bald das klare Wasser. Ich war dankbar nicht mehr sehen zu müssen, was ich da auswusch.

Minutenlang rieb ich die Hosenbeine unter Wasser aneinander, und nahm eines der weißen Handtücher der Jugendherberge, um den Stoff der Unterhose zu scheuern.

Als das letzte Wasser mit einigen Schaumblasen im Abfluss versickerte, betrachtete ich die heiklen Stellen an den Hosen zum ersten Mal gezielt und war dankbar, sie sauber und sogar wohlriechend über den Heizkörper unter meinem Zimmerfenster hängen zu können.

Auf dem Weg in unseren Aufenthaltsraum im Erdgeschoss wich meine Zufriedenheit über meinen selbstlosen Einsatz für den Schüler dem Unverständnis gegenüber der Kollegin, die zunächst konspirativ Hilfe angeboten und ihn dann im Stich gelassen hatte.

Auf den Bettenetagen begegneten mir mehrere und einzelne Schülerinnen und Schüler. Die Nachbesprechung war also bereits beendet. Die Kolleginnen und Kollegen würden sicher im Betreuerraum, einem kleinen Zimmer mit Sofas und einem Kühlschrank mit mehr Alkohol als Softdrinks sitzen und den weiteren Verlauf des Abends planen. Gleich stand auch das Abendessen an.

Ich traf tatsächlich dort auf die Anderen und stellte einen Hauch zu betont nebensächlich fest: „Alles erledigt."

Fernanda, die ich bereits beim Betreten des Raumes mit einem leicht vorwurfsvollen Blick fixiert hatte, schaute mich irritiert an: „Was ist erledigt?", fragte sie.

Jetzt starrte sie mich genau wie die anderen vier an. Was war nur los mit denen? Die wussten doch genau, was im Wildpark passiert war und hatten mich im wahrsten Sinne des Wortes die Drecksarbeit erledigen lassen, während sie hier schon die erste Flasche Wein des Abends geöffnet hatten.

„Na, Elias natürlich. Ich bin mit ihm hoch. Habe ihn zum Duschen geschickt und seine Hose und Unterhose ausgewaschen. Die hängen jetzt bei mir im Zimmer zum Trocknen. Ihm geht's auch soweit ganz gut. Er hat kaum gesprochen."

Fernanda verzog das Gesicht, während Birgit laut loslachte. Heiner prustete sein Wasser auf den kleinen Beistelltisch in der Mitte des Raums und lief rot an, während er sich kaum halten konnte vor lachen. Peter grinste vornehm, während Heike mindestens drei Mal wiederholte: „Das ist nicht wahr jetzt, oder?"

Irgendwas war hier faul. Ich verstand es nur noch nicht.

„Friedrich", versuchte Fernanda sich zu konditionieren, „nicht Elias hat sich in die Hose gemacht. Lukas war es!"

Ich lachte erst noch mit, bis mir klar wurde, was ich da gerade gemacht hatte: Ich hatte mir tatsächlich grundlos die Hose und Unterhose eines Elfjährigen aushändigen lassen und ihm klare Anweisungen gegeben, dass er sich untenrum besonders gut waschen solle, während ich auf dem Flur auf ihn wartete.

Als ich das den anderen genau so noch einmal darstellte, konnte sich erneut keiner halten.

„Wir klären das gleich mit Elias persönlich und informieren die Eltern. Alles gut", beruhigte Peter.

„Frag lieber mal Fernanda, wie es mit dem richtigen

Hosenscheißer abgelaufen ist."

Während sie sich die feuchten Augenwinkel trocknete, berichtete Fernanda, dass sie Lukas noch im Wildpark ihre Leggins, die sie unter ihrem Rock getragen hatte, überreicht und dessen Hose in eine Supermarkttüte mit der Aufschrift „Qualität, die man schmeckt" gesteckt hatte.

Der Taxifahrer habe bereits nach wenigen hundert Metern Fahrt alle Fenster heruntergelassen und dann gesagt: „Einer von Ihnen ist in Hundescheiße getreten."

„Ich musste mir auf die Zunge beißen, um nicht zu lachen, denn Lukas saß weinend neben mir auf der Rückbank. Immer wenn er sich gerade die letzte Träne aus dem Gesicht gewischt hatte, rümpfte der Taxifahrer die Nase und sagte sowas wie „Bah!" oder „Ekelhaft!" und schon zuckte Lukas wieder zusammen."

2.

Fabian

Es war Freitagabend. Morgens war ich noch in der Schule gewesen und hatte sechs Unterrichtsstunden gehalten.

Normalerweise wäre jetzt Ferienbeginn. Osterferien.

Ich kam zeitgleich mit unseren Bussen am Schulparkplatz an, der vor Autos und Menschen regelrecht überquoll. Schüler drängten sich auf dem Bürgersteig, vornehm im Hintergrund die Eltern, genau dazwischen standen die Freunde einiger Schülerinnen mit Rollerhelmen unterm Arm und warteten darauf, die Freundin ein letztes Mal für die kommenden vier Tage küssen zu dürfen.

Als ich geparkt hatte hielt ich einen Moment inne. Für die nächsten 80 Stunden würde ich letztlich die Verantwortung für 131 Menschen tragen, Entscheidungen treffen, erzählen, referieren, beaufsichtigen, patrouillieren, unterstützen, trösten, verarzten, sanktionieren, freundlich, zuvorkommend, streng, motivierend und milde sein und dabei hoffentlich auch ein paar Minuten Schlaf abbekommen können.

Ich dachte an die letzten zehn Fahrten zurück, die mich in Krankenhäuser, Notapotheken, Polizeiwachen, verruchte Hinterhöfe, Schneetreiben, Sturmböen, Disziplinarkonferenzen und Elterngespräche getrieben hatten.

Ich nahm noch einmal die Hände ans Lenkrad, straffte mich, atmete ein letztes Mal tief durch und stieg aus.

Die Schüler drängten sich vor dem Doppeldeckerbus, als hätte es gegolten in die erste Reihe eines Rap-Konzerts zu stürmen. Sie waren kaum zu halten. In ihren Gesichtern brannte tatsächlich Vorfreude, obwohl sie doch eigentlich Ferien hatten, jetzt entspannt auf dem Sofa mit einer Tüte Chips hätten liegen können; aber nein. Sie standen hier zu Beginn dieser Nacht und machten sich auf nach Polen, um ein Stück deutsche Geschichte vor Ort wahrzunehmen.

Die Atmosphäre unter den Schülerinnen und Schülern war absolut entspannt. Im letzten Jahr noch hatte mich ein Teilnehmer noch auf dem Schulparkplatz als Nazi bezeichnet, weil er der festen Überzeugung war, ich würde ihn wegen seines Migrationshintergrundes auf einen anderen Platz im Bus setzen wollen. Er beruhigte sich letztlich und nahm doch noch an der Fahrt teil.

In den Pausen auf den Rastplätzen unternahmen einige ältere Schüler ausgedehntere Spaziergänge und begutachteten die LKW in den Parkbuchten genauer, damit wir Lehrer hinter ihrem so gewonnen Sichtschutz nicht die glühenden Zigaretten erkennen konnten. Auch dafür konnte ich auf dieser Fahrt Dankbarkeit aufbringen: Was ich nicht sah, musste ich auch nicht ahnden und ich wurde nicht, wie zwei Jahre zuvor erlebt, beim Aussteigen aus dem Bus von einem 15-Jährigen gefragt, ob ich Feuer hätte.

Nach dem Abendessen in der Krakauer Altstadt richtete ich mich auf eine besonders kurze Nacht ein und schob mit Jakob Wache in der Hotellobby vor dem Monitor mit den Bildern der Überwachungskameras.

Niemand war in den kommenden zwei Stunden zu sehen. Zwischendurch fragte ich tatsächlich beim Nachtportier nach, ob die Kameras in Ordnung wären. Sie waren es.

In der Gedenkstätte parkten am nächsten Morgen bereits die ersten Busse als wir ankamen. Es drückten sich Menschen in Schlangen vor dem Eingangsgebäude, wie an jedem Tag.

Die deutschsprachigen Guides lotsten uns durch die Sicherheitskontrollen und begannen mit ihrer alltäglichen Arbeit: Ihrer Führung durch das größte Konzentrations- und Vernichtungslager der Nationalsozialisten und sie führten in der Sprache, die die Täter auch gesprochen hatten in ihrem Land. In Polen.

Wir durchschritten das berühmte Tor mit der Aufschrift „Arbeit macht frei", ließen die Lagerküche rechts liegen und wurden Augenzeuge von mehreren Tonnen abgeschnittener, zum Weiterverkauf vorbereiteter Haare, von Bergen von Schuhen, von Brillen und Geschirr, von Gefangenenbildern und Gebetstüchern.

Wir besichtigten den Todestrakt, das Gefängnis im Gefängnis mit seinen Stehzellen und durchliefen die Länderausstellung Israels, die unter anderem Kinderzeichnungen aus den Baracken in Birkenau zeigt und in einem 22 Meter dicken Buch die Möglichkeit eröffnete, Namen von Shoa-Opfern zu recherchieren.

In Birkenau schien die Sonne. Es war 20 Grad warm und ein sommerlicher, freundlicher Tag als wir den Ort der größten industriellen Menschenvernichtung der Geschichte betraten. Seit vier Stunden hörten die Schülerinnen und Schüler nun zu ohne sich untereinander zu unterhalten. Niemand schaute auf sein Handy, niemand musste auf die Toilette. Alles was sonst im Alltag so wichtig erschien oder zur Ablenkung gereichte, geriet hier in den Hintergrund.

Dieses Gefühl packte auch mich, obwohl ich die Gedenkstätte heute zum 20. Mal besichtigte. Ich erlebte die Führung vor allem aus der Perspektive des Beobachters meiner Schülerinnen und Schüler. Was machte dieser Ort mit ihnen? Er flößte ihnen Respekt ein, er verängstigte, er bestärkte, er machte wütend, er machte Mut sich zu engagieren und er lud ein zu berichten, was man gesehen hatte.

Fabian, der in der Schule häufig Schwierigkeiten damit hatte, sich an die Regeln und die Schulordnung zu halten, mitunter wenig einsichtig war und manchmal auch Fragen stellte, die erst kurz zuvor bereits beantwortet worden waren, kam mir im Keller bei den Todeszellen entgegen. Er trug eine weiße Basecap auf dem Kopf, die er aus Pietätsgründen hier sicherlich hätte ablegen sollen. Das hatten wir mehrfach im Vorfeld besprochen.

Ich ärgerte mich und holte schon Luft, als er, ohne mich bemerkt gehabt zu haben, seine Cappy abnahm, mich erst danach entdeckte, meinen Blick fixierte und mir zunickte. Er trug eine Kippa darunter.

3.

Finn

Die offizielle Abschlussfeier war seit über einer Stunde beendet und die Lichter in der Eventhalle bereits ausgeschaltet. Vor der Eingangstür der benachbarten McDonalds-Filiale standen Nele und Finn in dieser verregneten Nacht und froren. Sie im silber-weißen, hautengen Glitzerkleid, Laufmasche in der Strumpfhose, die glänzenden High-Heels neben sich abgestellt und mit von Tränen verwischtem Eyeliner auf den Wangen, rauchte ihre letzte Zigarette und ließ wie selbstverständlich die leere Packung auf den Steinboden aus der rechten Hand gleiten. Er stopfte sich den Rest eines Cheeseburgers in den Mund. Ketchup tropfte auf sein weißes Hemd, das er mittlerweile ohne Fliege unter seinem neuen, dunkelblauen Anzug trug und bis zum Brustbein aufgeknöpft hatte. Seine schwarzen Lederschuhe reflektierten matt das Neonlicht der Werbetafeln.

Ich blieb einen Augenblick im Wagen sitzen und betrachtete die Szene, ab und zu von den Scheibenwischern auf der Frontscheibe unterbrochen und dann für eine Augenblicke wieder klar.

Es brauchte mehrere Anläufe, bis meine Rufe durch das geöffnete Seitenfenster zu Nele durchdrangen.

„Können Sie uns nach Hause fahren?", fragte sie ohne Anlaufphase und entkräftete direkt hinterher: „Wir sind ja jetzt nicht mehr Ihre Schüler."

Sie setzte das breiteste Lächeln auf, zu dem sie noch in der Lage war. Es war aufgesetzt, soviel stand fest. Es war kurz nach 3 Uhr und hier fuhr jetzt außer mir oder einem Taxi absolut nichts mehr an Verkehrsmitteln durch die Gegend.

Meine naive Nachfrage, wie sie denn ihre Rückfahrt

gestaltet hätte, wenn ich nicht zufällig hier mit meinem Auto stehen würde, bügelte sie souverän ab, indem sie einräumte, das Taxigeld, das sie in der Wohngruppe von ihrer Betreuerin erhalten hatte, gerade in zwei Burgermenüs investiert zu haben. Sie hätte Hunger gehabt und es wäre ungerecht gegenüber Finn gewesen, ihm etwas vorzuessen, weshalb sie ihn natürlich eingeladen hätte.

Damit war auch klar, dass Finn ebenfalls schon pleite und in der gleichen Situation war.

Ich dachte kurz nach.

Zuerst fuhren wir zu Nele, die sich während der Fahrt unaufgefordert rechtfertigte, warum sie am heutigen Abend mit Alex geknutscht habe, ohne aber Annika damit bewusst verletzen zu wollen.

Finn war wohl auf der Rückbank eingeschlafen und ich hörte zwar zu, achtete aber darauf, Nele nicht zu unterbrechen.

Erst als sie ausstieg bemerkte ich, dass sie ihre Schuhe ausgezogen hatte und nun barfuß auf dem nassen Bürgersteig stand, nur noch einen Schuh in der Hand. „Fuck! Haben Sie noch `ne Kippe?", war wohl ihr Dankeschön an mich. Ich wünschte ihr eine gute Nacht und wartete noch, bis sie fluchend und schwankend im Hauseingang verschwunden war.

Finn öffnete kommentarlos die hintere Autotür und ich schwieg nur, weil ich nicht einschätzen konnte, ob er dachte auch zu Hause angekommen zu sein oder sich vorgenommen hatte, auf die Straße und nicht in mein Auto zu kotzen.

Stattdessen nahm er sofort auf dem Beifahrersitz platz und nickte mir zu.

Ich tippte die müde diktierte Adresse ins Navi ein und fuhr wieder an.

Finn schwieg während der Fahrt, wie er es auch zuvor

getan hatte, starrte dabei aber auf die Straße vor uns.

Noch vier Minuten bis zum Ziel.

In einem Kreisverkehr deutete er auf die zweite Ausfahrt. „Hier!", brachte er hervor. Den großen Bildschirm in der Mittelkonsole des Autos mit dem leuchtend gelb hinterlegten Fahrweg hatte er offensichtlich nicht bemerkt.

Noch drei Minuten bis zum Ziel.

„Danke", fiel ihm auf einem Stück Landstraße ein.

„Kein Problem", gab ich ehrlich zurück.

Schweigen.

Noch zwei Minuten bis zum Ziel.

„Ehrlich: Danke", wiederholte er nach einem weiteren Augenblick der Stille.

„Ja, ist ok."

Noch eine Minute bis zum Ziel.

Ich wunderte mich über diese Wiederholung, das konnte aber auch einfach einer alkoholbedingten Vergesslichkeit geschuldet sein.

Als ich in die Zielstraße einbog schaute ich ihn kurz an. Sein Blick war noch immer starr auf die Straße gerichtet.

„Was ist los? Alles in Ordnung?"

„Das sollte ein schöner Tag werden,", begann er ohne sich zurückzuhalten, „aber für mich war es einfach nur Scheiße!"

Ich bremste das Auto und fuhr an den Straßenrand, um das Gespräch nicht durch das Vorfahren bei seinen Eltern zu einem natürlichen Ende zu bringen.

„Warum?", fragte ich nach. Ich wusste, dass er es sich nicht leicht machte. Kurz vor Weihnachten war er nach einem Streit mit seiner Mutter mit einer gepackten Tasche einfach aus dem Haus gegangen und hatte sich tagelang bei einem Kumpel versteckt ohne in die Schule zu kommen oder irgendjemandem Bescheid zu geben.

Seine Mutter hatte mich damals per Textnachricht darüber informiert, dass Finn wohl in den nächsten Tagen nicht zur Schule kommen würde, weil sie nicht wisse wo er sei.

Ich hatte dann mehrere Stunden mit Finn telefoniert und ihn letztlich dazu bringen können, zurück zu seiner Mutter zu gehen.

„Meine Mutter hat mir letzten Samstag Frühstück gemacht. Mit Ei und Orangensaft und so. Das hat sie noch nie gemacht."

Ich hatte den Motor abgestellt und mich zu ihm gedreht. Sein Gesicht blieb abgewandt von mir in Richtung Straße.

„Ich hatte gleich ein komisches Gefühl. Dann hat sie sich zu mir gesetzt und meinte so, dass sie eine Freundin getroffen hat. Beim Einkaufen. Und die hat sie dann zu einer Radtour eingeladen. Und sie hätte diese Freundin ja total lange nicht gesehen und sie hätte sich so gefreut und die sei ja total nett und früher hätten sie sich immer zum Radfahren getroffen."

Er machte eine kurze Pause und zog schnell Luft durch die geschlossenen Zähne ein.

„Und dann hat sie mich gefragt, ob es in Ordnung ist, wenn sie nicht bei der Zeugnisverleihung dabei ist. Da wäre diese Radtour und sie würde sich so drauf freuen. Sie hat zwar gefragt, aber eigentlich war es keine Frage."

„Was hast du gesagt?", fragte ich.

„Ich habe gesagt, dass es ok sei. Sie meinte dann, dass es mir ja sicher sowieso nicht so wichtig wäre, dass sie dabei wäre und hat sich bedankt." Er schaute mich an.

„Sie hat ernsthaft danke zu mir gesagt, dass sie nicht zu meiner Zeugnisverleihung kommen musste."

Finn blickte wieder durch die Frontscheibe, hinter der die verschwommenen Umrisse von ein paar parkenden

Autos und den zugehörigen Einfamilienhäusern daneben zu erkennen war.

Ich wartete. Da war noch was.

„Alle haben heute Fotos mit ihren Eltern gemacht. Alle. Nur ich stand da alleine."

Jetzt löste sich eine Träne im linken Auge, sodass ich beobachten konnte, wie sie bis zu seinem Kinn hinunterlief.

Nie zuvor hatte ich etwas Traurigeres von einem Schüler gehört. Da saß hier neben mir ein abgeklärter 16-Jähriger, dem das Fitnessstudio wichtiger als seine Hausaufgaben waren, der häufiger an seine Freundin, als an seine nächster Klausur dachte, der sich lieber mit dem Sitznachbarn ein Duell im XXO lieferte, als mir zuzuhören und der einem Frühstück im Backshop immer den Vorzug gegenüber pünktlichem Erscheinen zum Unterricht gab und weinte, weil seine Mutter ihn für eine Fahrradtour verlassen hatte.

„Ich habe noch nie etwas Traurigeres gehört, Finn", brachte ich ratlos hervor.

„Geht schon." Er wischte sich die Tränenreste aus dem Gesicht und schaute mich jetzt auch an. „Danke, dass Sie zugehört haben. Das hat mir wirklich geholfen."

„Kann ich was für dich tun?", fragte ich noch, aber da hatte er schon die Tür geöffnet und stand auf dem Bürgersteig, sodass ich nur noch seine Beine sah.

„Nein, nein. Gute Nacht und danke fürs Fahren!"

Ich startete den Motor und wartete noch, bis er das Haus betreten hatte, bevor ich losfuhr.

Ein paar Minuten später leuchtete der Display meines Handys in der Mittelkonsole mit einer Nachricht auf: „DANKE!"

4

Mohammed

Die elektronische Anzeige auf Bahnsteig 3 des Bahnhofes zeigte nur die Uhrzeit zuverlässig an, nicht aber den den nächsten Zug und sein Ziel. Der Großteil des Bildschirms war mit chaotischen weißen Punkten auf blauem Hintergrund besetzt. Es war nicht zu erkennen, wie lange die Anzeigetafel schon in diesem Zustand in Höhe des Treppenabgangs hing und ob überhaupt jemand, der Abhilfe hätte schaffen können, bereits davon Notiz genommen hatte.

Ich schaute auf meinen Handybildschirm und überprüfte, ob unser Zug nach Grevenbroich pünktlich kommen würde. Noch 15 Minuten.

Ich war mit meiner Klasse auf dem Weihnachtsmarkt in der Stadt gewesen, so wie wir es jedes Jahr nach dem letzten Schultag vor den Weihnachtsferien hielten und befand mich nun mit ihnen auf dem Rückweg.

Es war kalt, dunkel und der Bahnsteig voll. Viele Pendler warteten auf den Zug nach Hause, eine Frauengruppe zeigte sich völlig aufgekratzt immer wieder gegenseitig den Inhalt ihrer Einkaufstüten. Weiter hinten standen drei ehemalige Schüler unserer Schule und schauten zu uns herüber, ohne zu grüßen.

In einem gläsernen Windfang hatten die meisten aus meiner Klasse Schutz vor dem Winter gesucht. Sie saßen teilweise auf den drei Sitzschalen aus Stahl oder auf den Oberschenkeln, die hier Platz genommen hatten. Mika stand mit Leo vor einem vergitterten Süßigkeitenautomaten und zählte Münzen in seiner Hand.

Selina verteilte gebrannte Mandeln aus einer fast leeren Tüte.

In der Luft lag Vorfreude auf Weihnachten, auf Ferien

und kurzfristiger auf einen warmen Zug.

Auf Gleis 2, genau gegenüber und von uns durch zwei Gleisstränge getrennt, warteten acht junge Männer auf den Gegenzug in Richtung Großstadt. Offensichtlich in ähnlich ausgelassener Stimmung alberten sie herum, verfolgten sich gegenseitig auf dem Bahnsteig, traten sich und schrien sich auf Deutsch und in deiner anderen Sprache ab und zu an.

Ich beobachtete sie still aus einem eigenartigen Interesse heraus und fragte mich beim Anblick ihres Kräftemessens, ob und wenn ja, welche Unterschiede es im Vergleich zu den Jugendlichen gab, mit denen ich ihnen genau gegenüber stand. Sie waren im gleichen Alter, in der gleichen Stimmung und verhielten sich mitunter genau so unangemessen. Ich fand nur zwei Unterschiede: Zum einen bewertete ich das Verhalten am Bahnsteig gegenüber als asozial, während ich meine Klasse wohlwollender betrachtete. Zum anderen, und das war entscheidend, teilten sich die Jungs auf Gleis eine Flasche Wodka und einen Tetrapack Orangensaftkonzentrat, während meine Seite nüchtern war.

Maxim trat an meine Seite. Er hatte mich beobachtet und war so auch auf das Geschehen auf der anderen Seite des Bahnhofs aufmerksam geworden.

„Die machen voll Stress", stellte er mit Anerkennung fest.

Ich öffnete den Mund, um etwas Beruhigendes zu antworten, kam aber nicht dazu, etwas zu sagen.

Wir beide verfolgten die Flugbahn eines kleinen Gegenstands, der über die Gleise, der Oberleitung näher als den Schienen, geworfen wurde, auf dem Steinboden vor dem Windfang mit einem Klacken aufschlug und noch etwa einen halben Meter tiefer rutschte: Mohammed direkt vor die Spitze seines Sportschuhs.

„Ey!", schrie einer von drüben. Es war schwer auszumachen, wer gerufen hatte, weil sie alle nun an der Bahnsteigkante standen und zu uns rüber starrten, das Licht aus den Leuchtstoffröhren der Bahnsteigüberdachung im Nacken.

„Ey!", brüllte ein bulliger Typ mit Hugo-Boss-Pullover und Jogginghose erneut und lauter. Ein anderer stieß einen Pfiff aus.

Jetzt hatten sie die ungeteilte Aufmerksamkeit von uns.

„Wirf mal rüber!", forderte er ein wenig zu selbstbewusst ein und deutete dabei mit dem Kinn auf unsere Seite.

Irgendetwas stimmte nicht, aber ich erfasste das so verursachte Konfliktdilemma nicht sofort. Warum hatten sie denn das Feuerzeug überhaupt erst zu uns geworfen, wenn sie es gar nicht hatten hergeben wollen?

Mohammed hob das Feuerzeug auf, nahm Anlauf und schmiss das kleine Plastikteil mit zu viel Kraft wieder zurück. Es knallte auch dort wieder auf den Steinboden und blieb liegen. Unbeachtet.

„Was soll die Scheiße?", prollte der Boss-Pullover.

Und jetzt war klar, dass wir ihm in die Falle gegangen waren: Wir hatten mit dem Zurückwerfen Anlass für Stress gegeben und hätten es genauso mit einer Verweigerung der Rückgabe getan.

Jetzt half nur, Ruhe zu bewahren und sich nicht...

„Was willst du, du kleiner Pisser?" spuckte Mohammed und drückte seine Brust dabei deutlich nach vorne. Ich konnte an seinem Gesichtsausdruck ablesen, dass er für mich und meine Argumente nicht mehr zugänglich sein würde: Er war provoziert worden. Und sauer!

Es wurden Beleidigungen, vorrangig auf Deutsch, aber auch in anderen Sprachen ausgetauscht. Dabei rückte Mohammed immer näher an die Bahnsteigkante heran, bis seine Zehenspitzen schon über sie hinaus standen.

Ich schrie mittlerweile seinen Vornamen und versuchte so, die Aggressionsspirale zu durchbrechen, aber ich kam gar nicht mehr zu ihm durch. Auch nicht, als ich ihn an den Schultern packte und befahl: „Hinsetzen!"

Mika und Maxim halfen mir, Mohammed zurück zu den Sitzgelegenheiten zu drängen, während er weiter schrie.

„Na dann komm doch, Ehrenloser! Komm doch, wenn du Eier hast."

Ich stand nun mit dem Rücken zu den Gleisen und stellte mich vor Mohammed, um ihm das Blickfeld zu nehmen. Er brüllte weiter und legte den Kopf wechselweise links und rechts an seine Schulter, um an mir vorbeischauen zu können. Noch immer hielten wir ihn zu dritt fest.

Als er endlich verstummte, drehte ich mich um und sah auf dem gegenüberliegenden Bahnsteig niemanden mehr.

„Die kommen! Die kommen!", fürchtete Anastasia, die sich direkt neben mich gestellt hatte. Angst lag in ihrer Stimme.

Ich wählte 110 auf meinem Handy.

„Polizeinotruf."

„Guten Abend, hier ist Sieben. Ich bin Lehrer und stehe mit meiner Schulklasse am Hauptbahnhof an Gleis 3. Wir werden hier von einer Gruppe Jugendlicher angegriffen."

„Wie viele Angreifer können Sie ausmachen?"

In diesem Augenblick wurden die ersten Köpfe der Gruppe auf dem Treppenaufgang unseres Bahnsteigs sichtbar. Ich schätzte.

„So acht bis zehn."

„Sind die bewaffnet?"

Die jungen Männer kreisten uns ein. Wut war in den Gesichter zu erkennen. Ihr warmer Atem verdampfte in der kalten Abendluft. Der Dicke mit dem grauen Hugo-

Boss-Pullover zog einen metallenen Gegenstand hervor und klappte eine Messerklinge auf.

„Na, wer hat hier jetzt noch `ne große Fresse?", fragte er provozierend.

Mathilda schrie auf. Mein Jungs blieben still. Selbst Mohammed sagte nichts.

Ich überlegte kurz, ob ich die Provokation wagen konnte, dem Polizisten am Telefon zu sagen, dass ein Messer im Spiel war, während er entspannt am PC an seinem Schreibtisch saß und ich von eben diesem Messer nur zwei Meter entfernt stand.

„Ja. Einer hat ein Messer", sagte ich entschlossen und hoffte jetzt, dass mein Handy am Ohr in Verbindung mit meiner Aussage die Assoziation bei unseren Gegenüber auslösen würde, dass die Polizei verständigt sei.

„Wo genau befinden Sie sich jetzt?"

„An Gleis 3. Direkt am Treppenaufgang. Das habe ich doch schon gesagt." Wann kam hier endlich Polizei?

Die Mädchen hatten hinter mir Schutz gesucht als alles ganz schnell ging. Mika wollte seine Freundin verteidigen, nicht als Feigling dastehen und genau deshalb irgendwas sagen. Irgendwas Starkes. Etwas, das ihn nicht so passiv erscheinen lassen würde. Bevor er mehr als nur ein „hey" hervorbringen konnte, verpasste ihm einer der Typen eine Faust, die ihn völlig unvorbereitet auf dem linken Wangenknochen traf. Er taumelte. Seine Brille lag verbogen auf dem Bahnsteig. Unausgesprochen war klar, dass er hier nichts mehr würde ausrichten können.

„Jetzt wurde hier einer meiner Schüler geschlagen", sagte ich. „Wir sind gleich da", bekam ich zurück. Das beruhigte mich, hatte ich doch schon während des Angriffs auf Mika Martinshorn gehört. Aber hier war immer noch niemand Uniformiertes auf dem Bahnsteig zu sehen.

Mittlerweile hatte ich keine Zurückhaltung mehr im Kopf, das Geschehen Romye am Telefon zu beschreiben. Wie im Auge eines Hurrikans wurde ich bei den verbalen und körperlichen Attacken ausgespart, während um mich herum die Aggression schäumte. Warum griffen die mich nicht an? Es war völlig klar, dass ich zu meiner Klasse gehörte. Die Mädels standen dicht bei mir gedrängt. Die Jungs unentschieden zwischen Schutz suchen und Gegenangriff. Immer noch keine Polizei.

Leo bückte sich nach Mikas Brille. Ein gezielter Sprung mit gestrecktem Bein traf seinen Rücken, sodass er seitlich zu Boden ging und sofort eine Ausgleichshaltung gegenüber dem einsetzenden Schmerz einnahm.

Er blutete aus dem Ohr und stöhnte. Woher kam das Blut?

Das Messer! Wo war dieses Messer? Ich suchte danach und beschrieb nach wie vor ungefiltert meine Gedanken dem Polizisten am Telefon.

„Hier ist gerade der zweite meiner Schüler zu Boden gegangen", kommentierte ich.

„RTW ist mit auf der Anfahrt."

„Ja, es wäre wunderbar, wenn jetzt hier langsam mal Hilfe kommen würde!"

„Wir sind gleich bei Ihnen. Immer weiter beschreiben, was Sie sehen."

Ich überlegte, ob ich jetzt einen Angriff, eine Verteidigung meiner Klasse wagen sollte. Wie sah das überhaupt aus? Zwei meiner Schüler werden niedergestreckt und ich stehe daneben und telefoniere.

Einer der Kerle sagte etwas in einer Sprache, die ich nicht verstand. Er wiederholte seine Worte noch einmal, verbunden mit einem Schnalzlaut. Und sie liefen davon, die Treppe wieder hinunter, genau dahin, wo sie her gekommen waren. Ruhe.

Und immer noch keine Polizei.

Auf Gleis 2, dort wo die Gruppe ursprünglich gewartet hatte, bremste quietschend ein Triebwagen der Regionalbahn.

„Die sind abgehauen."

„Wohin?"

„Weiß ich nicht. Aber hier steht jetzt auf Gleis 2 ein Zug. Wenn die da einsteigen, sind die in einer Minute weg."

Tatsächlich konnte ich durch die Scheiben erkennen, wie die jungen Männer in den Zug stiegen und sich, offensichtlich erfahren in solchen Sachen, aufteilten. Zu zweit und zu dritt setzten sich sich in unterschiedliche Bereiche des Zuges und schauten überall hin, nur nicht in meine Richtung.

„Gehen Sie zu dem Lokführer und sagen Sie ihm, dass er stehen bleiben soll."

„Wie soll ich..."

„Machen Sie das! Wir versuchen das parallel mit der Bahn zu klären."

Ich ging auf Höhe des Führerstands des Dieseltriebwagens und winkte dem Lokführer zu, der zwar auf meiner Seite saß, aber auf den mir abgewandten Bahnsteig schaute, anstatt zu mir. Das Ausfahrsignal war bereits auf Fahrt geschaltet.

Ich schrie hinüber: „Hey!" Und gleich nochmal: „Hey!"

Jetzt hatte er mich gesehen und schob genervt das Fenster herunter.

Ich ließ ihm keine Zeit, etwas zu sagen.

„Ich bin hier der Einsatzleiter der Polizei. Sie haben absolutes Fahrverbot. Sie haben Straftäter an Bord!"

Er schaute mich überrascht an und ich legte nach.

„Fahrverbot! Sie bleiben stehen! Das Stellwerk wird gerade informiert!"

Er zog an einem Hebel und Luft entwich hörbar aus dem Zug. Ich hatte es geschafft.

„Gut! Gut! Gut! Das haben Sie sehr gut gemacht!", lobte der Polizist am Telefon. Er war nach wie vor der einzige Polizist, der sich hier dieser Sache widmete. Ein Blick auf den Display meines Handys zeigte die Dauer des Telefonats an: 11 Minuten und 32 Sekunden. Gab es nicht so etwas wie ein Zeitlimit bis zum Eintreffen am Einsatzort?

Das Signal für den Zug nach Düsseldorf schaltete auf Rot.

Jetzt konnte ich Polizisten auf dem Bahnsteig gegenüber erkennen. Sie trugen Protektoren, Kampfmontur, Helme mit Visier. Zwei Hundeführer betraten als erste den Zug. Mit gezogener Pistole wuchteten sie mit wenigen Bewegungen einen völlig Unbeteiligten aus seinem Sitz und legten ihm Handschellen an.

„Das ist der Falsche!"

„Sie können jetzt auflegen." Zwei Männer standen nun mit Freisprechanlagen im Ohr neben mir. „Die Polizei ist jetzt da."

5.

Frau Hübner-Haberkorn

„Friedrich! Wenn wir nicht in fünf Minuten auf der Bühne stehen, sind wir wieder weg!" Edith Funke, die Leiterin des Kindertanzkorps ließ keinen Zweifel daran aufkommen, dass sie es ernst meinte.

Sie schaute nun wieder kopfschüttelnd erst auf ihre Armbanduhr und dann mich vorwurfsvoll an.

Hinter ihr standen Grundschulkinder in den aufwändigen Kostümen: Blaue Faltenröcke, weißer Dreispitz mit Federn auf dem Kopf. Alle trugen weiße Strumpfhosen und weiße, glänzende Lackschuhe.

In ihren Gesichtern spiegelte sich zu gleichen Teilen Langeweile und eine gewisse Abgeklärtheit. Es war sicher nicht das erste Mal, dass sie so eine Situation erlebten.

Eine als Clown kostümierte Frau bat aufgekratzt um ein gemeinsames Foto, das Handy bereits vorbereitet in der Hand. Augenblicklich setzt die gesamte Gruppe, inklusive Frau Funke, ein erschreckend professionelles Lächeln auf, das nur für den Moment der Aufnahme hielt.

Ich nutzte die Ablenkung, um mich dem gemeinsamen Warten zu entziehen. „Ich frage sofort nochmal nach! Entschuldigung."

Ich lief die Stufen hinauf auf die Empore der Aula, wo die Schulleiterin neben ihrem Stellvertreter stand und eine kugelförmige Kopfbedeckung, beklebt mit Alufolie, mit einem Gummiband an ihrem Kinn festschnallte. Selbst wenn ich hätte erkennen wollen, was ihr Kostüm hätte darstellen sollen, wäre es mir nicht gelungen.

Der Hausmeister stand in rot-weiß gestreiftem Ringelshirt mit aufgenähtem Stadtwappen daneben und ging seine Moderationskarten durch, die ich allen dreien bereits vor einer Woche persönlich übergeben hatte.

Aus den geöffneten Flügeltüren zur Aula drangen Gesprächsfetzen und immer wieder fordernder Applaus bis nach draußen. Da drinnen warteten mehr als 300 Menschen darauf, was auch Edith Funke gerade noch unmissverständlich gefordert hatte: „Fangt endlich an!"

Meine Uhr zeigte 13 Minuten nach 19 Uhr an. Vor 13 Minuten hätte die Karnevalssitzung unserer Schule anfangen sollen.

Ein halbes Jahr zuvor war die Idee für diese Veranstaltung entstanden, vor allem auf Betreiben von Schulleiterin Elisabeth Hübner-Haberkorn, die völlig verrückt nach Karneval war und von einer ganz besonderen und professionellen Sitzung zum Nulltarif träumte. Letztlich hatte sie mich in der Vorbereitung dieser Veranstaltung aber so gut wie nicht unterstützt. Mit Ausnahme der Weitergabe der Telefonnummer des Quartiermeisters eines Karnevalskorps, bei denen ihr Ehemann wohl irgendeine untergeordnete Funktion hatte, war von ihrer Seite nichts gekommen.

Selbst auf meine monatlichen Memos zum aktuellen Stand der Vorbereitungen kam nichts. Übergabe der Moderationskarten letzte Woche? Nichts.

Proben? Nichts, nicht da.

Generalprobe heute Vormittag? Nichts. Wieder nicht da.

Aufbau in der Aula heute Nachmittag? Da hatte sie plötzlich zwischen den Stuhlreihen gestanden und gesagt: „So, vielen Dank, Herr Sieben. Ich übernehme dann ab hier."

Keine 15 Minuten später war sie mit dem Hinweis auf einen Friseurtermin wieder verschwunden.

„Wir müssen jetzt anfangen. Das Kindertanzkorps geht in vier Minuten." Es gelang mir nicht, den Druck, den ich deutlich auf mir spürte, weiterzugeben. Ich war

Bittsteller.

„Ja, wir kommen ja gleich. Nur noch kurz das Kostüm anziehen."

Sie sah nicht danach aus, als habe sie es besonders eilig damit. Was hatten die in den letzten Stunden so Wichtiges zu tun gehabt, dass sie nicht pünktlich im Kostüm hatten auf die Bühne treten konnten?

„Ich habe Sie informiert! Der Rest liegt jetzt bei Ihnen!" Ob es eine Reaktion auf meinen vielleicht für meine Position als Vertretungslehrer zu spitz formulierten Satz gab, wartete ich gar nicht ab, sondern ging in die Aula hinein in Richtung Bühne zur Band, wo ich gemeinsam mit einer Kollegin den Abend singend begleiten würde.

„Friedrich!", rief Jennifer, eine Referendarin, mir nach. Auch in ihrer Stimme lag etwas Vorwurfsvolles. „Ich stehe hier aber sicher nicht den ganzen Abend dumm rum. Außerdem brauche ich noch einen Flaschenöffner. Hast du einen Flaschenöffner? Daran hättest du denken müssen."

Sie hatte sich freiwillig für die Betreuung der auftretenden Künstler gemeldet.

Ich drehte mich nicht um, während ich ihr sagte, dass ich keinen hatte und ließ alles andere unbeachtet.

Auf der Bühne erwarteten mich fragende Gesichter, denen ich mit Achselzucken begegnete. Harald, der die Band leitete und Trompete spielte, gab sich damit nicht zufrieden: „Wann geht es denn jetzt los?" Ich sagte ihm, dass ich es nicht wisse. SO ruhig, wie ich es nur konnte. In mir bebte es.

Wieder klatschten einige, halb fordernd, halb amüsiert über die unprofessionelle Organisation dieser Veranstaltung. Schauten mich die Leute an?

Ich spürte, wie mir das Adrenalin durch den Körper schoss, mein Herz raste und ich versuchte, meinen hochroten Kopf aus dem Lichtkegel des Scheinwerfers zu nehmen, damit es nicht so sichtbar für das Publikum war.

Edith Funke tippte aus für mich sicherer Entfernung kopfschüttelnd auf ihre Armbanduhr.

Wie peinlich: Das Kindertanzkorps trat nur auf, weil ich mit dem Hendrik Funke zusammen zur Schule gegangen war und ich gebettelt hatte. Nicht einmal die obligatorische Anfahrtspauschale hatten wir bezahlt für den Auftritt und dann konnten wir nicht einmal für die erste Nummer einen pünktlichen Ablauf der Sitzung organisieren?

Endlich winkte die Schulleiterin Harald oder mir zu und wir spielten ein erstes Lied zum Einzug. Edith Funke schloss sich mit ihrer Truppe Hübner-Haberkorn, ihrem Stellvertreter und dem Hausmeister einfach an, obwohl das ganz anders geplant und besprochen gewesen war.

Völlig überfordert, fast hilflos standen die drei Moderatoren nun neben den professionell lächelnden Kindern auf der Bühne und hielten in den Händen das letzte fest, was ihnen Halt gab.

„Hallo zesamme!", brach ihr Stimme. Hübner-Haberkorn räusperte laut ins Mikrofon, während ihr der Saal antwortete.

Sie hielt sich ab dem nächste Satz nicht mehr an den geprobten Ablauf oder die Moderationskarten. Wie auch? Sie hatte den Ablauf nie mitgeprobt. So verstörte sie diejenigen, die geprobt hatten und ließ damit alle unvorbereitet aussehen.

Nach der Vorstellung des kleinen Tanzoffiziers ließ sie keine Zeit für dessen Präsentationslied, obwohl es auf den Karten eindeutig so aufgeschrieben war. Bei der Tanzmarie unterbrach ich Hübner-Haberkorn einfach und sang einfach mittendrin los. Dabei traf ich die falsche Tonlage und brachte die Band dazu, mir halb in

41

meiner, zur anderen Hälfte in der geprobten Tonlage zu folgen. Harald tobte hinter mir. „So eine Scheiße kannst du demnächst alleine machen!"

Ich schluckte es runter. Genau wie das erneute Kopfschütteln von Funke beim Auszug des Tanzkorps. Von ihren Lippen las ich ein „Nie wieder!" ab.

Auch die mäßigen Witze des Hausmeisters über Hühner, die Probleme beim Geschlechtsverkehr haben ließ ich an mir vorbeiziehen. Während des Auftritts einer Band in der ersten Hälfte der Sitzung hatte ich Zeit festzustellen, dass wir mittlerweile 25 Minuten dem Zeitplan hinterher hingen. Ich kletterte von der Bühne, schlich vor der ersten Reihe auf die andere Seite des Saals und schlug Hübner-Haberkorn vor, den Lehrerchor ganz nach hinten zu setzen, um wieder im Plan zu sein.

Wieder Kopfschütteln. „Es bleibt alles wie geplant!", zischte sie.

Welcher Plan?

Eine weitere Band später stand sie in Zuschauerraum vor der Bühne und winkte mich konspirativ zu sich herunter.

„Wir legen den Lehrerchor ganz nach hinten. Die Lehrer sind ja sowieso da. Dann sind wir für die externen Nummern wieder im Plan." Ah ja. Hatte sie mich vorher nicht verstanden oder wollte sie mir jetzt meinen Vorschlag als ihre Lösung präsentieren?

In der Pause war Jennifer überall im angeregten Gespräch zu sehen, nur nicht im Bereich der Auftretenden, in dem sie die Koordination hätte übernehmen sollen.

Hier fehlte Klebeband, dort eine Schere, um irgendeine Packung Würstchen zu öffnen. Da war ein Glas auf dem Boden zersprungen und musste weggefegt werden, während mich die ehemalige Englischkollegin im

Ruhestand zum dritten Mal aufforderte, für das Austauschprogramm mit Wales zu spenden. Dabei schüttelte sie mit einer Blechbüchse mit Münzen vor meinem Gesicht herum.

Ein mit mir befreundetes Pärchen, die ich eingeladen hatte, verabschiedete sich höflich lächelnd.

In der zweiten Hälfte zog ein uniformiertes Korps, wieder in blauen, auf und spielte drei Karnevalslieder mit ihrem Spielmannszug. In Generalsuniform kletterte der ehemalige Bürgermeister auf die Bühne und feierte Hübner-Haberkorn als karnevalistischste und beste Schulleiterin, inklusive Küsschen, Urkunde und irgendeiner glitzernden Spange.

Als die ganze Kompanie schon wieder ausmarschieren wollte, griff ein weiterer Uniformierter zum Mikrofon. Herr Hübner, pensionierter Schulleiter eines anderen Gymnasiums.

„Eigentlich macht man nicht, was ich jetzt mache...", startete er, um dann ein weiteres Loblied auf seine Frau anzusstimmen. Im Minutentakt forderte er dabei mit den wippenden Fingern der rechten Hand auf Hüfthöhe von uns ein, einen weiteren Tusch zu spielen.

Beim Lehrerballett kam ein Kollege beim Sprung im Tüllröckchen mit dem rechten Fuß nicht sicher wieder auf, glitt ab und klatschte mit schmerzverzerrtem Gesicht dann ganz auf den Boden. Harald und unser Schlagzeuger zogen ihn rückwärts hinter den Vorhang. Vorne turnten die Kollegen weiter. Show must go on!

Als der Lehrerchor tatsächlich eine Zugabe gegeben hatte verabschiedeten sich die drei Moderatoren vom Publikum und dankten dabei allen, die ich ihnen auf die Moderationskarten geschrieben hatte. Ich wurde nicht erwähnt, weil ich mich nicht selber auf die Karten geschrieben hatte.

Als der Hausmeister noch im Kostüm anfing die Stühle

in der letzten Reihe zu stapeln, kam Hübner-Haberkorn auf mich zu.

„Darf ich Sie umarmen? Wir haben Sie total vergessen." Während sie versuchte, ihre Arme um meinen Bauch zu legen, wich von mir die ganze Anspannung des Abends: „Das ist mir alles egal, Hauptsache Sie werfen mir nichts von dem, was heute Abend alles schief gelaufen ist, jemals vor."

Auf Socken, weil meine weißen Schuhe zu meinem Kapitänskostüm viel zu eng waren, räumte, fegte, putzte und stapelte ich gemeinsam mit unseren Schulpflegschafts-vorsitzenden, meiner Mutter und zwei Kollegen, bis alles wieder wie vor der Sitzung aussah. 1:05 Uhr zeigte die große Uhr über dem Ausgang als wir das Licht löschten.

Jetzt stellte sich auch heraus, warum Torsten, Sport und Erdkunde, bis zum Schluss geholfen hatte.

„Du, ich hab so viel gesoffen. Kommt bei meiner Alten nicht so gut an. Ich penn´ bei dir heute ok?"

Er hatte noch nie bei mir übernachtet und darauf war ich eigentlich auch gar nicht eingerichtet, aber ablehnen konnte ich das jetzt auch nicht mehr.

Bei mir in der Wohnung angekommen, kotzte er in das Spülbecken, noch bevor er sein Kostüm ausgezogen hatte.

Nachdem er neben einem Eimer auf dem Sofa eingeschlafen war glitt ich in die Badewanne. Auf dem Handy stapelten sich die Nachrichten über den Kollegen mit dem verletzten Knie.

Am nächsten Morgen kam Hübner-Haberkorn noch vor 8 Uhr auf mich zu, im Kostüm einer Flamencotänzerin. Durch rote Baumwollbällchen, die von ihrem schwarzen Hut herunter baumelten, fixierte sie mich ernst: „Bevor ich es vergesse: Tritt Serdar heute vor den Schülern bei der Sitzung auch wieder mit seiner Persiflage auf?"

Ich bestätigte den Auftritt des Oberstufenschülers, der am Vorabend mit Abstand die meisten Lacher hatte verbuchen können.

„Kannten Sie die Nummer inhaltlich im Vorfeld?"

Wieder bejahte ich, ohne zu wissen, worauf sie hinaus wollte.

„Dann muss ich mich fragen, warum Sie nicht unterbunden haben, dass er sich so über einen Kollegen lustig macht. Auch Karneval hat Grenzen."

6.

An dem Pappteller, auf dem sie jetzt stand, klebten die Überreste von zunächst geschmolzenem und dann verbranntem Käse, vermischt mit dunkler Erde aus den Fugen zwischen den Pflastersteinen. Ganz sicher hatte sie ihn noch nicht bemerkt, denn sie redete unbeirrt mit ihrer Freundin weiter ohne zu ihm zu schauen. Auch nicht zufällig. Immer mal wieder biss sie in ihr Käsebrötchen, kicherte, schüttelte den Kopf, lachte laut und hielt sich dabei die Hand vor den Mund, um den Blick auf Gekautes nicht freizugeben.

Der Gong setzte sie und ihre Freundin schließlich in Bewegung in Richtung Schulgebäude zu Mathe oder Erdkunde oder Physik. Der Pappteller blieb ihr am rechten Nike-Sportschuh kleben und machte ihre Schritte mit. Sie bemerkte es nicht gleich. Dann lachte sie wieder laut, ihre Freundin mit ihr, und streifte sich wie ein scharrender Stier die Pappe vom Schuh. Ihr unverdecktes Lächeln wirkte ehrlich, mitreißend und irgendwie warm. Wärmer als die träge Herbstsonne über dem Schulhof.

Jede andere Person hätte sich lächerlich gemacht. Man konnte mit einem dreckigen Pappteller am Schuh einfach nicht cool aussehen. Aber sie strahlte einfach nur Selbstbewusstsein aus. Wie lässig sie den Teller einfach gelöst und liegen gelassen hatte. Wie sie über sich selbst gelacht hatte, anstatt peinlich berührt rot zu werden.

Sie hatte sich nicht umgeschaut, ob sich jemand über sie lustig gemacht oder die Peinlichkeit bemerkt hatte. Das interessierte sie gar nicht. Das war ihr egal. Ihr konnte es auch egal sein, so unfassbar, wie sie aussah. Jetzt war sie im dunklen Flur verschwunden.

Boris löste sich aus dem Eingangsbereich ohne auf seinen Kumpel zu achten, der ihm in den letzten drei Minuten irgendetwas über ein Online-Spiel erzählt und nicht bemerkt hatte, dass sich Boris´ Aufmerksamkeit ihm gegenüber verabschiedet hatte.

„Was haben wir jetzt?", fragte Tristan jetzt schon zum zweiten Mal.

„Was?", realisierte Boris, ohne den Blick zu heben.

„Alter! Was ist los mit dir?"

„Nichts, chill ma!" Boris fühlte sich nicht ertappt. Er würde Tristan sowieso erzählen, wen er da die Pause über beobachtet hatte, aber eben nicht jetzt. Jetzt wollte er das in Ruhe wirken lassen. Einordnen. Überlegen. Nächste Stunde Erdkunde. Also viel Zeit zum Nachdenken ohne aufzufallen.

Zwei Wochen später saß Boris auf dem Vorbau eines kleinen Autoscooters. Hinter ihm knallten die kleinen Wagen mit dicken Gummiumrandung aneinander. Boris kannte die Mädchen im grünen Wagen vom Sehen, die willig immer wieder mit den beiden Jungs im orangefarbenen Gleiter verunfallten und fröhlich kreischten, wenn sie mutwillig aus der Fahrbahn gebracht wurden. Nur der blaue Scooter mit Vater und Sohn drehte unbehelligt seine Runden. Mit ihnen wollte niemand zusammenstoßen.

Wer hat wohl mehr Spaß, hatte sich Boris gefragt und auf den Boden gestarrt. Zwischen seinen Beinen stand ein leeres Bierglas und eine Pappschale mit durchfurchter Mayonnaise.

Er nahm den Kopf hoch und dachte an den Pappteller an Romys Schuhen auf dem Schulhof.

Am gleichen Tag noch hatte sie ihn auf der Rückfahrt im Schulbus angelächelt, später bei Instagram erst markiert und kurz darauf wieder zurückgenommen.

„Sorry, war nicht extra!" hatte sie ihm daraufhin geschrieben. Ihm war schon klar gewesen, dass das Gegenteil richtig war.

Bereits am nächsten Tag endete jede Nachricht bei Whatsapp mit Kuss-Smiley, nach einem weiteren Tag mit Herz.

Dann hatte er ihren Namen mit einem Herz in seinen Kontakten ergänzt, die Pausen mit ihr zusammen verbracht, sie anschließend immer bis zu ihrem Unterrichtsraum gebracht. Und sie hatten sich umarmt. Nicht wirklich fest, nicht immer mit beiden Armen. Aber sie berührten sich. Sie waren miteinander vertraut. Vor jeder Umarmung stieg Boris´ Adrenalinspiegel immer ein wenig an und nach der Umarmung fühlte er sich stets gut. Sehr gut.

Natürlich hatte Tristan gefragt, was da los sei und er hatte ihm gesagt, dass er es noch nicht genau wisse. Bloß nicht zu viel sagen, nicht zu viel erhoffen.

Für alle anderen sahen die Umarmungen nach Freundschaft aus und nicht nach Beziehung. Sie küssten sich schließlich nicht und hielten auch nicht ihre Hände in den Pausen. Er hatte keinen Bock sich für eine Beziehung mit einer Achtklässlerin vor irgendwem rechtfertigen zu müssen. Erst recht nicht, wenn er selbst noch nicht wusste, wohin das hier alles führen würde.

„Fahr ´ne Runde oder verpiss dich. Du kannst hier nicht sitzen", blaffte ihn der Chipeinsammler vom Autoscooter an. Boris schaute ihm ins Gesicht, dachte aber an die kaputten und dreckigen Turnschuhe, die er an dem Typen zuerst gesehen hatte. Er griff nach dem Pfandglas vor sich, stand auf und ging wortlos in Richtung Festzelt zurück, von wo er vor einer halben Stunde gekommen war. Oder war es noch länger her? Sie wollte doch eigentlich schon lange hier sein. Seine

Nachfragen über Handy hatte sie jetzt schon mehrmals mit der gleichen Aussage in verschiedenen Varianten beantwortet: „Ich bin unterwegs."

Er lächelte sie an als sie hinter dem Zelt endlich hervorkam. Sie umarmten sich, hier, außerhalb der Schule, etwas fester als sonst.

Es kostete ihn nicht so viel Überwindung, wie er befürchtet hatte, um sie zu fragen, ob sie denn nun zusammen wären.

„Wenn du willst", antwortete sie und bekam pinkfarbene Zuckerwatte von ihm geschenkt.

Der erste Kuss hinter dem Zelt schmeckte deshalb besonders süß. Er mochte eigentliche keine Zuckerwatte, aber mit ihr war es wunderschön. Jetzt konnte er auch ihre Hand fassen ohne Bedenken haben zu müssen, abgewiesen zu werden. Es fühlte sich großartig an, ihr so nah sein zu können. Ihre Augen, die dezenten Ohrringe, die fast weißen Härchen auf ihren Ohrmuscheln. Sie war toll. Traumhaft! Jetzt konnte es losgehen. Richtig losgehen. Er liebte sie. Da war er sich sicher.

Als es dunkel geworden war und sie die Geduld ihrer Mutter zu Hause maximal ausgereizt hatte, löste sie sich aus seiner Umarmung. „Ich muss gehen", entschuldigte sie sich. „Leider", schob sie leise hinterher.

Er wollte sie nach Hause bringen. Bis vor die Tür. Die Zeit so lange wie möglich gemeinsam verbringen.

Sie wurde noch verlegener. „Besser nicht."

Boris wunderte sich. Sie waren doch jetzt ein Paar. Warum noch verstecken? Warum zögern? Vielleicht brauchte sie noch Zeit, um eine Beziehung zu realisieren?

Er reichte ihr die Hand und zog sie lächelnd hinter sich her, runter vom Festplatz. Erst zwischen zwei

Straßenlaternen drehte er sich wieder hin zu ihr, streichelte ihr mit dem Daumen über die Stirn und beugte sich zu ihr, um sie zu küssen. Er fühlte ihren schnellen Herzschlag, er sah die kleinen roten Flecken von Aufregung an ihrem Hals und er war glücklich.

Als ihr Bus kam, zog sie ihre Hand zu sich und schaute auf den Boden. Wie wunderbar schüchtern sie war. Zumindest in der direkten Begegnung. Denn online hielt sie sich nicht zurück.

Flügeltüren öffneten sich zischend. Interessiert schaute der Fahrer die beiden an. Sein Hemd war an den oberen drei Knöpfen geöffnet und gab den Blick auf eine massive Goldkette frei, an deren Ende ein Adler mit enormer Spannweite hing. Der Abschiedskuss verzögerte die Abfahrt nur für Sekunden, verursachte aber dennoch ein Kopfschütteln bei dem Mann, der mit dröhnendem Motor davon fuhr und Boris alleine zurückließ. Lächelnd. Glücklich.

Er zückte sein Handy, obwohl der Bus noch in Sichtweite fuhr, um ihr zu schreiben, doch er wartete, als er unter ihrem Profilnamen auf dem Bildschirm sah, dass sie ihm bereits tippte.

„Mein Schatz!", schob sich ans untere Ende ihres langen Chatverlaufs, gefolgt von zehn roten Herzen.

„Ich liebe dich!", schrieb er und kopierte ihre Herzen darunter.

Als er sie am Montag im Schulbus sah, machte sie mit ihrem Blick deutlich, dass sie ihn nicht küssen wollte. Wie zur Entschuldigung griff sie im Gedränge nach seiner Hand und streichelte mit dem Zeigefinger über seinen Handrücken. Sie hatte am Abend zuvor geschrieben, dass sie etwas besprechen müssten, aber nur sie beide. Hier ging es nicht.

Vor der Schule bogen sie noch einmal ab, immer noch

Hand in Hand und separierten sich hinter eine großen Hecke.

„Was ist los?", fragte Boris. „Habe ich was falsch gemacht?"

„Nein. Nein. Du machst nichts falsch." Sie konnte ihm nicht in die Augen schauen, starrte auf seine Schuhe.

„Der Busfahrer von Samstag kennt meine Eltern. Der hat denen direkt Bescheid gesagt."

„Ja und?" Boris verstand nicht.

„Du kennst meine Eltern nicht. Ich kann nicht mit einem Jungen zusammen sein. Das geht einfach nicht. Wegen der Religion und so." Tränen sammelten sich in ihren Augen und liefen ihr nach anfänglichem Zögern schnell die Wangen herunter.

„Was heißt das jetzt?", fragte er und war selbst erstaunt, dass er in diesem Augenblick so ruhig sein konnte.

Sie schwieg.

„War es das jetzt? Willst du mich nicht mehr?"

„Natürlich will ich dich. Ich will mit dir zusammen sein", bekräftigte sie und schaute ihn jetzt entschlossen an. „Wir müssen es halt geheim halten. Damit meine Eltern nichts mitbekommen.

Er lächelte sie an. Küsste sie. „Das kriegen wir hin."

Von nun an trafen sie sich nur draußen und manchmal bei Boris zu Hause. Sie sagte ihren Eltern, sie ginge zum Klavierunterricht in die Musikschule und verbrachte die wöchentliche Stunde mit Boris.

Was sich in den ersten Wochen spannend, aufregend und belebend anfühlte, begann im Dezember zu nerven, als die Parkbänke zu nass oder eingeschneit waren und sie mit dem Bus in die nächste Stadt fahren mussten, um das Risiko einer Entdeckung zu minimieren.

Einmal hatte ihre Mutter sie zusammen gesehen. Romy hatte daraufhin zwei Wochen Hausarrest bekommen und sie waren noch vorsichtiger geworden. Doch Vorsicht bedeutete immer häufiger sich gar nicht zu sehen, nur zu schreiben.

Als Boris auf an Karneval vom Imbisswagen mit einer Schale Pommes mit Mayo in der Hand zurück an seinen Tisch zu den anderen ging, spürte er den Vibrationsalarm seines Handys in der Hosentasche. Dass es sicher Romy sei, spürte er. Sie hatten sich noch bis vor zwei Stunden über Whatsapp gestritten, weil Romy zwar seit Tagen immer ausgewichen war, wenn er sie nach gemeinsamer Zeit an Karneval gefragt hatte, nun aber Zeit und offensichtlich auch die Erlaubnis ihrer Eltern gefunden hatte, zu irgendeinem Freund nach Düsseldorf zum Feiern fahren zu dürfen. An Karneval. Ohne ihn.

Er verstand das nicht. Das fühlte sich nicht gut an. Verletzend. Gemein. Er fand nichts Positives in ihrem Verhalten, was ihm in den vergangenen Monaten noch nicht passiert war.

Er erzählte mir in einer Pause von seinen Gefühlen und seiner Unsicherheit. Ich fragte ihn, was er sich denn wünsche und was er von einer Beziehung grundsätzlich erwarte. Er wollte, dass in erster Linie Romy glücklich sei und an zweiter Stelle er selbst.

An das Gespräch dachte er, als er an einem Stehtisch im Eingangsbereich des Zeltes die Hände frei hatte, um sein Handy hervorzuholen.

„Ich mache Schluss!"

Er tippte auf den Pfeil zum Senden.

Er las noch einmal die nun grün hinterlegte Nachricht und vermisste den Schlag in den Magen oder den Stich ins Herz, den er eigentlich erwartet hätte. Stattdessen nichts. Oder nicht viel. Soll sie doch sehen, wie sie ohne mich glücklich wird, dachte er.

Aber auch von ihr kam nichts. Obwohl sie online war und die Nachricht gelesen hatte. Zwei blaue Haken. Das tat jetzt weh. Wieso reagierte sie nicht?

Er folgte dem Impuls, sie anzurufen. Nicht aus einer emotionalen Unsicherheit heraus, sondern vielmehr, weil er das Gefühl hatte, dass man das so machen müsste. Man wird doch nicht per Whatsapp abserviert und reagiert dann nicht mal.

„Was soll das?", fragte er und wunderte sich, wie ruhig er blieb.

„Was soll was?", fragte sie zurück, obwohl doch klar war, was er meinte.

„Na, wieso schreibst du nichts dazu?"

„Was soll ich dazu sagen. Ist halt so."

„Aha, und warum?"

„Das kannst du dir doch denken."

„Nein, sag mal."

„Was denn?"

Das führte zu nichts und machte alles nur noch schlimmer, merkte Boris, aber aus einer Mischung aus Unerfahrenheit und dem Wunsch jetzt nichts falsch machen zu wollen heraus, beendete er das Gespräch nicht, obwohl er genau das wollte.

Sie half ihm und sagte mitten in ihr Schweigen hinein: „Ich lege jetzt auf."

Dann hörte er, bevor noch etwas erwidern konnte, drei kurze Töne und die Verbindung war getrennt, ihr Name verschwand vom Display.

Boris steckte sein Handy zurück in die Hosentasche und griff nach der Pappschale vor ihm.

Einen Augenblick hielt er inne und fragte sich, wie lange sie zusammen waren. Fast ein halbes Jahr. Oder doch nur die Zeit, die man vom Festzelt bis zur Bushaltestelle braucht? Er stand auf.

7

Tristan

Frau Lorenz glitt mit ihrem rechten Zeigefinger immer wieder durch eine der ersten Seiten des vor ihr aufgeschlagenen Klassenbuchs und schaute dabei in die entweder aufrichtig gelangweilten oder auch angestrengt desinteressiert spielenden Gesichter der Klasse 10C.

5. Stunde. Englisch.

Sie streichelte weiter bis der Klassensprecher sich erbarmte und endlich „Stopp" sagte.

Sofort fror der Zeigefinger über der Klassenliste ein und Frau Lorenz, die in ihr Prinzip der Zufallsliste zur Kontrolle der Hausaufgaben so verliebt war, dass sie es in jeder Stunde aufs Neue euphorisch vorführte, triumphierte: „Tristan!"

„Kommt vor", entgegnete der schlaksige, blonde 16-Jährige mit dem Mittelscheitel und einer unverwüstbaren, guten Laune lässig. Wenn Boris morgens in den Bus stieg, hatte er Tristan noch nie niedergeschlagen erlebt. Seiner guten Stimmung konnten auch so Abturner wie keine gemachten Hausaufgaben, Aussicht auf eine Mathearbeit oder der verhasste Donnerstag mit allen drei Hauptfächern hintereinander nichts anhaben.

„Dann komm bitte nach vorne", forderte die Lehrerin das ein, was sowieso klar war.

Sie schaute in ihr Notenbuch. „Du hattest das Thema Big Ben. Denk bitte daran: Nur Englisch und exakt 5 Minuten Länge. Die anderen geben dir anschließend konstruktive Rückmeldung."

Frau Lorenz stand von ihrem Stuhl am Lehrerpult auf, um Tristan ungeteilte Aufmerksamkeit zukommen zu lassen. Stattdessen lehnte sie sich jetzt an die steinerne

Fensterbank vor dem gekippten Fenster.

Tristan blieb sitzen.

Kommentarlos kramte er in seinem Rucksack. Boris erkannte, dass seine Notizen bereits vor ihm auf dem Tisch lagen. Griffbereit.

Stolz hatte Tristan ihm noch im Bus gezeigt, was seine Nachhilfe mit ihm alles zu BigBen im Internet gefunden hatte.

„Hallo?! Auf geht's!" Frau Lorenz wurde langsam ungeduldig.

„Moment noch!"

Tristan wurde lief rot im Gesicht an und schob in seinem Ranzen die Schulbücher nun ein viertes mal erst einzeln von ihm weg und dann wieder zu sich hin, als würde er zwischen ihnen etwas vermuten.

Boris schaute zu ihm herüber. Was hatte er nur?

„Sag mal. Wird es jetzt bald mal?" Das war die Schmerzgrenze bei Frau Lorenz. Jetzt musste er sich bewegen oder er wäre Gefahr gelaufen, einen regelrechten Abriss vor der Klasse und anschließend eine schlechte Note zu erhalten.

„Ähh. Ja."

Tristan stellte seinen Rucksack wieder auf den Boden ohne irgendetwas entnommen zu haben. Mit der linken Hand griff er nach seinen beiden ausgedruckten Seiten und dem Plakat, das er angefertigt hatte, die rechte Hand fuhr noch im Sitzen in seine rechte Hosentasche. Erst dann stand er auf und ging nach vorne.

Die rechte Hand blieb in der Hosentasche verschanzt während sich Tristan bemühte, BigBens Eckdaten der Klasse zu vermitteln. Seine Nervosität dabei war typisch, aber die Hand in der Hosentasche nicht. Diese lässige Geste passte auch nicht zu seinem Vortragstil und zu seiner Körperhaltung. Er hatte ganz offensichtlich Stress und machte dann hier einen auf cool?

Boris wusste jetzt, was los war.

„Schreibst du uns das Jahr der Grundsteinlegung mal an die Tafel?", fragte Lorenz. Sie wollte Tristan damit wieder Vortragssicherheit geben, denn der hatte nun zum dritten mal den Faden in seinem Script verloren.

„Ähh, ja. Gleich!"

Tristan war Rechtshänder, das wusste Boris. Um etwas an die Tafel schreiben zu können, hätte er endlich die Hand aus der Hosentasche nehmen müssen.

Du hast doch auch noch ein Plakat. Zeig uns das doch auch mal."

Tristan stellte das gerollte Plakat senkrecht auf das Lehrerpult und schälte mühsam nur mit der linken Hand den Gummi herunter.

„Halt es doch mal hoch, Tristan. So kann keiner was sehen." Frau Lorenz schaute in die Klasse und schüttelte sanft den Kopf. Sie verstand nicht, was los war und suchte Gleichgesinnte und Wissende zugleich mit ihrem Blick.

„Marcel. Halt ma´", setzte sich Tristan über die Aufforderung hinweg, die rechte Hand immer noch an der gleichen Stelle wie zu Beginn seines Vortrags.

Frau Lorenz realisierte nun auch das Offensichtliche, dachte aber nicht über die Ursache nach. Stattdessen forderte sie: „Nimm jetzt mal endlich die Hand aus der Hose. Ich achte auch auf Haltung beim Vortrag. Stichwort Gestik!"

Tristan, und auch das war typisch für ihn, war es nun leid weiter auszuweichen und standhaft zu bleiben. Er nahm die Hand aus der Hosentasche, woraufhin sich seine Hose im Schritt deutlich nach vorne ausbeulte.

Auch Frau Lorenz lachte, mehr über sich selbst, weil sie darauf nicht gekommen war. Sie suchte Tristans Blick, der auch laut lachte und das Peinliche der Situation mit

Selbstironie beiseite schob: „Kommt vor!"

8.

Frau Lorenz

„Wie geht es dir eigentlich? Ist alles wieder einigermaßen in Ordnung nach deiner Operation?" Frau Lorenz schaute Boris ernsthaft an, nachdem sie ihn am Ende des Unterrichts um einen Augenblick seiner Zeit gebeten und er gewartet hatte, bis alle anderen aus seiner Klasse den Raum verlassen hatten.

„Joa, alles wieder gut." Er fand es zwar sympathisch, dass sie nachfragte, aber er hielt es absichtlich kurz, weil es ihr sicher weniger um die Operation ging, als viel mehr darum, wie wichtig es jetzt für ihn sein würde, wieder den Anschluss an Englisch zu bekommen. Er hatte viel Unterricht verpasst, klar. Aber er wusste selber, was jetzt wichtig war.

„Du weißt, dass du jetzt den Anschluss an Englisch wieder finden musst? Du hast viel Unterricht verpasst."

Er wollte mit den Augen rollen, kompensierte den Reflex aber mit einem leichten Grinsen. Er dachte, was sie sagte.

„Ja, ich weiß. Danke!"

Er nahm seinen Rucksack auf die Schulter und ging zur Tür. Obwohl sie in seinem Rücken sitzen blieb, bemerkte er ihren kritischen Blick und schaute noch einmal kurz zurück: „Kann ich gehen? Der Bus!"

Sie änderte ihren Gesichtsausdruck wieder und lächelte nun. „Ja, natürlich. Bis morgen."

Boris musste keinen Bus bekommen. Seiner würde erst in einer Viertelstunde kommen, aber so ließ sich ein Lehrergespräch schnell und dennoch innerhalb der Grenzen des Respekts beenden.

Er schlenderte die breiten Treppen, deren linoleumbedeckte Stufen nach einer Mischung aus chemischem Zitronenreiniger, Kakao und Plastik rochen, hinunter. Nur noch wenige Schüler befanden sich im Gebäude. Die wenigen, die noch da waren, gingen genau wie er in Richtung Schulhof, während die Lehrer mit ihren Taschen und Schlüsseln und Taschen genau in umgekehrter Richtung zum Lehrerzimmer unterwegs waren.

Manche grüßte er, andere ignorierte er. Genau wie sie es machten.

Heute Abend war Fußballtraining und er würde heute wieder nicht hingehen können. Wahrscheinlich die ganze Saison nicht mehr. Das hatte der Arzt im Krankenhaus gesagt. Noch so eine Scheiße, die sich aus der OP ergeben hatte. Warum war die Abkürzung für Operation eigentlich OP?

An der Bushaltestelle standen nur noch etwa 20 Leute. Alle anderen waren schon mit den früheren Bussen, manche mit Fahrrädern, noch weniger weniger zu Fuß, eine handvoll mit Motorrollern und nur zwei im Auto der Eltern auf dem Weg nach Hause.

Als ein Windstoß eine aufgerissene, leere Chipstüte über die Straße wehte, merkte Boris, dass er keine Jacke an hatte. Die hing noch oben vor dem Klassenraum.

Er ging schneller zurück als er gekommen war. Nun kamen ihm die meisten Lehrer, die er eben schon getroffen hatte, erneut entgegen. Jetzt sagten auch die nichts mehr, die ihn eben noch gegrüßt hatten.

Am Fuße der Treppe in das obere Stockwerk blieb er stehen, weil er die Stimmen des stellvertretenden Schulleiters und von Frau Lorenz hörte, die sich unterhielten. Keine Lust jetzt dazwischen zu gehen.

Er trat zwei Schritte zurück, neben das schwarze Brett mit dem Vertretungsplan, um von oben mit Sicherheit nicht mehr entdeckt werden zu können. Jetzt schrie Herr Vogt Frau Lorenz an.

„Wenn ich nein sage, dann heißt das nein! Hast du das

verstanden? Ich glaube du spinnst, einfach einen Bus zu buchen und weiter diesen bescheuerten Ausflug zu planen, obwohl ich klar gesagt habe, dass es terminlich nicht geht und dir mit deiner Klasse auch gar kein Wandertag mehr zusteht. Ihr ward doch erst im Oktober im Museum."

„Aber das war doch ein Unterrichtsgang. Ich dachte, das würde nicht zählen. Und die Eltern aus meiner Klasse hatten halt gefragt, ob wir nochmal..."

„Es bleibt bei nein!"

Herr Vogt musste sich ziemlich sicher sein, dass sich keine Schüler mehr im Schulgebäude aufhielten, denn man konnte seine Wut deutlich hören.

Noch eindringlicher war nun die Stille, die nur noch kurz vom Widerhall des Neins übertönt wurde.

Jetzt schluchzte jemand. War das Frau Lorenz? Weinte sie? Nein. Oder? Sie musste es sein, weil Herr Vogt es sicher nicht war.

Mehrfach holte sie durch ihre triefende Nase Luft, sagte weiter nichts.

Vogt hielt das aus. Davon würde er sich nicht beeindrucken lassen, dachte Boris. Wahrscheinlich würde er sie jetzt eiskalt stehen lassen.

Er ging noch ein Stück weiter zurück in den Flur, falls Herr Vogt jetzt die Treppe hinunter kommen würde.

„Na dann fahr halt und hör auf zu heulen!", brummte er und ging offensichtlich zurück in sein Büro, denn Boris hörte kurz darauf die Glastür zum Verwaltungsflur.

Er wartete noch einen Augenblick, lauschte und ging dann, als er dachte, Frau Lorenz wäre auch gegangen, die Treppe hoch, um seine Jacke von der Garderobe zu nehmen. Niemand stand mehr im Flur.

Zwei Schritte vor der einzigen Jacke, die hier noch zu sehen war, öffnete sich die Türe des Klassenraums und Frau Lorenz schaute erschrocken, aber mit getrockneten

Augen in sein überraschtes Gesicht.

Er griff nach seiner Jacke, um den Grund seiner Anwesenheit ohne lange Erklärung zu verdeutlichen, aber die Situation erforderte eine Aussage.

„Geht es Ihnen gut?", fragte Boris.

„Ja klar. Warum auch nicht?", entgegnete Frau Lorenz und schaute dabei auf ihren Schlüssel, den sie in das Türschloss steckte, statt auf ihn.

9.

Das Workbook lag aufgeschlagen auf dem schmalen Schreibtisch, der schon seit er denken konnte in seinem Zimmer gestanden hatte. Viele Bücher, die auf der Tischplatte ohne besondere Ordnung gestapelt waren, hatte er einmal gelesen, manche gar nicht und nur besondere kannte er nahezu auswendig, obwohl er deren Inhalt im Alltag nie gebraucht hatte. Sie handelten von Fußall, von Flugzeugen und von Jungs, die Abenteuer erlebten.

Die silberfarbene Schreibtischlampe goss zuverlässig warmes Licht auf die unbearbeiteten Englischaufgaben. Der Rest des Raumes lag im Schatten. Er schaute auf die Digitaluhr neben der Silhouette seines Bettes und wusste nun, was er vorher schon gefühlt hatte: Es war eigentlich zu spät, um sich jetzt noch ernsthaft mit Hausaufgaben zu beschäftigen, aber er wollte sie morgen haben. Im Bus würde zu wenig Zeit sein und er hatte keine Lust Frau Lorenz eine Ausrede zu präsentieren und erst recht nicht die Wahrheit, die ihm wahrscheinlich noch ihr Mitleid eingebracht hätte.

Sein Tag hatte früh begonnen. Bereits kurz vor 8 Uhr hatte er mit seiner Mutter, die sich frei genommen hatte, das Krankenhaus betreten, nur um dann doch bis 10 Uhr nur im Wartebereich gesessen und einen Bogen Papier mit Daten ausgefüllt zu haben, die ohnehin schon viel zu oft erfasst worden waren.

Dann gab es ein kurzes, von Seiten des Arztes professionelles, auf seiner Seite persönliches Gespräch über seinen Gesundheitszustand in den letzten Wochen.

Anschließend war Boris am Bauch abgetastet worden und wartete wieder, bis ihn eine Krankenschwester zu irgendeinem Test mit irgendeiner Maschine abholte.

Wieder Warten.

Dann Blutabnahme.

Dann wieder warten.

Die einzige Zeitschrift im Wartezimmer, die ihn ansatzweise interessierte, hatte er bereits zwei mal durchgeblättert und auch die Poster und Informationen an den Wänden hätte er mit verschlossenen Augen exakt zusammenfassen können.

Auch mit Mama war alles besprochen, was es so zu besprechen gab. Sie saß ruhig neben ihm und las in ihrer mitgebrachten Zeitung.

Er schloss die Augen.

Angefangen hatte alles im Urlaub 2015. Immer häufiger hatte er vom Strandtuch aufstehen und zu der kleinen Bretterbude an den Dünen gehen müssen, wo die Toiletten waren. Als er das erste Mal Blut auf der weißen Keramik sah, bekam er Angst, sagte aber seinen Eltern nichts, weshalb sie schnell bemerkten, dass etwas nicht stimmte.

Sie hatten den Urlaub dann abgebrochen und waren zurück zu Hause vom Hausarzt nach der Analyse einer Probe direkt ins Krankenhaus geschickt worden.

In den darauffolgenden Monaten waren so viele Tests, Analysen und Medikamententherapien mit ihm versucht worden, dass er nicht mehr wusste, wie oft er im Krankenhaus gewesen war. 10 Mal? 15 Mal? Nie hatte er das Gefühl dabei gehabt, dass es wirklich dramatisch werden könnte und er schämte sich schon lange nicht mehr offen mit Ärzten, Eltern und Freunden über seinen Darm, Scheiße und Durchfall zu reden.

Es war lästig, aber nicht bedrohlich, so hatte er das gesehen und gefühlt.

Schließlich landete er nach immer aggressiveren Tabletten, Einläufen, Zäpfchen und Cremes bei einer

Heilpraktikerin, die seine Mutter aufgetan hatte. Aber auch sie konnte nicht helfen.

Im Sommerurlaub, ein Jahr danach dann, war ein Extremschub völlig unvermittelt gekommen, der sich anfühlte, als würde jemand mit Flammenwerfer, Drahtbürste und Hochdruckreiniger durch seine Darmschlingen ballern und die Steuerungsfähigkeit über seine Verdauung völlig aushebelte. Selbst auf der Toilette stellte sich nun kein Gefühl der Erleichterung mehr ein und er merkte, dass sich noch etwas veränderte. Bisher war es eine lästige Nebensache gewesen. Jetzt hatte er keinen wichtigeren Gedanken mehr, als diese Scheiße! Es war bis in seinen Kopf gedrungen und überlagerte alles. Schule, Freunde, Fußball, alles trat zurück und räumte der Krankheit absolute Priorität ein.

Bei der ersten Operation wurde sein Dickdarm entfernt und ersatzweise ein künstlicher Darmausgang gelegt. Das beruhigte ihn, obwohl er sich vorher nicht hatte vorstellen können, dass ein Kotbeutel unter dem Shirt einmal Freiheit für ihn würde bedeuten können. Manchmal träumte er davon, dass das Ding im Unterricht einfach so platzte und überall, wo er auch hinschaute, seine Scheiße klebte.

Nach der zweiten OP war alles Künstliche wieder aus seinem Körper entfernt. Er hatte alles überstanden, wieder die volle Kontrolle über seinen Körper und keine Schmerzen mehr. Die Krankheit trat im Kopf wieder in den Hintergrund, hatte aber Spuren hinterlassen, die über die Belastung einer halbjährlichen Kontrolluntersuchung in den nächsten Jahren hinausging. Er fragte sich jetzt, was ihn zuvor nie beschäftigt hatte: Was wäre, wenn er nie gesund werden und ständig mit Extremschüben würde rechnen müssen?

Er öffnete die Augen wieder und stellte mit einem Blick zu seiner Mutter fest, dass er nichts verpasst hatte.

Bis zum Auswertungsgespräch mit einem anderen Arzt als der, mit dem er morgens gesprochen hatte, vergingen noch einmal gut anderthalb Stunden, sodass es dunkel geworden war, bevor er sich zurück in seinem Zimmer zu Hause aufs Bett hatte werfen können. Alle Werte in Ordnung gewesen. Nichts Auffälliges.

Der Kugelschreiber lag immer noch in der Faltkante des aufgeschlagenen Workbooks. Im Zimmer hatte sich nichts verändert, nur er war jetzt entspannter, nachdem er das alles nochmal in Erinnerung gerufen hatte. Er hatte nicht nur nachgedacht, sondern spürte jetzt auch wieder genau die Motivation, die ihn im Krankenhaus nach der ersten Operation erfüllt hatte: Er hatte sich an dem Abend vorgenommen, in der Schule Gas zu geben und sich Pausen, seine Jungs, den Hausmeister, seine Klassenlehrerin, langweilige Unterrichtsstunden, Projektarbeiten, Referate und sogar Hausaufgaben herbeigesehnt. Wie gell Alltag war, ohne Sorgen.

Er drückte die Mine des Kugelschreibers mit dem Daumen heraus, holte laut Luft, lächelte und begann die Aufgabenstellung zu lesen.

10

Vanessa

Ihre fettigen, langen Haare verdeckten ihre helle, unreine Gesichtshaut wie ein Vorhang, als sie sich auf dem Pult mit den Armen abstützte und noch ein Stück näher auf mich zukam.

Ich saß an meinem Schreibtisch, die Deutschstunde lag hinter uns und bis auf Vanessa und Angelina hatten alle bereits den Raum verlassen, um in die zweite große Pause zu gehen.

Angelina stand mit deutlichem Abstand hinter Vanessa und hielt lächelnd und dennoch möglichst unauffällig das Klassenbuch in den Händen, um es mir zur Unterschrift vorzulegen. Ich war mir unsicher, ob Vanessa wusste, dass wir nicht alleine waren. Sie wirkte zielstrebig und entschlossen, wie sie sich so vor mir aufbaute.

Die Situation war nicht bedrohlich, nicht einmal wirklich unangenehm. Natürlich gehörte es zu meinem Alltag nicht nur Angenehmes und Positives mit Schülerinnen und Schülern auszutauschen, aber meistens ahnte ich, um was es ging. Vanessa hingegen war unberechenbar.

Seit sie zu Beginn des Schuljahres meiner Klasse zugeteilt worden war, bediente sie jedes Klischee der Außenseiterin. Wie auch schon in den beiden anderen Klassen zuvor, in denen sie Schülerin gewesen war.

Sie skizzierte herausragende Mangas mit professionellen Bleistiften, machte aber während ihrer Anwesenheit in der Schule auch nichts anderes. Auf persönliche, neutrale Ansprache, höfliches Bitten, strenges Ermahnen oder kumpelhaftes Animieren, sich doch der Aufgabenstellung im Unterricht zu widmen, reagierte sie stets zuverlässig mit einem vernichtenden Blick aus blitzenden Augen über müden Mundwinkeln, an guten Tagen gefolgt von kurzem Kopfschütteln.

Zur ersten Klassenarbeit hatte sie für mich noch überraschend, zum Nachschreibtermin dann erwartbar gefehlt.

Bei der zweiten Arbeit hatte sie, wie alle anderen auch, eine lineare Argumentation verfassen sollen, die mich fiktiv für eine Auszeichnung als besten oder schlechtesten Lehrer des Landes belastbar vorschlagen sollte. Nicht zuletzt zu ihrer Motivation hatte ich mich für diese mehr pragmatische als pädagogische Aufgabenstellung entschieden.

Vanessa hatte eine Reihe von Beleidigungen gegen mich aneinander gereiht, formal aber nichts von dem beachtet, was wir in den Wochen zuvor gemeinsam in der Lerngruppe erarbeitet hatten. Ich sammelte mir aus dem Text mit großer Mühe ein „ausreichend" zusammen, um dem Vorwurf der Voreingenommenheit zuvor zu kommen und bekam bei der Rückgabe dann genau diesen doch mit nur einem Blick vermittelt.

Karina, ihre vorherige Klassenlehrerin, hatte auf meine Nachfrage nur abgewunken und so was wie „kannst`e vergessen" festgestellt.

Die Schülerakte war die umfangreichste, die ich bisher in der Hand gehabt hatte und verfestigte den Eindruck bei mir, dass hier eine überforderte Mutter mit eigenen, psychischen Problemen und ein vernünftiger, aber machtloser Vater, der sich aus der Ehe vor kurzem entnervt verabschiedet hatte, insgesamt zu einer psychischen Erkrankung der Tochter geführt hatten.

Es gab eine Vielzahl von Attesten verschiedener Einrichtungen und Ärzte, aber keine konkrete Diagnose und auch keine Vereinbarung zwischen Eltern und Schule, wie auf die Bedürfnisse der Tochter von unserer

Seite besonders eingegangen werden sollte und konnte.

Die Gespräche mit der Mutter und der Emailaustausch mit dem Vater hatten mich nicht weiter gebracht. Sie sah alles völlig entspannt und machte ihren Ex-Mann für das Verhalten von Vanessa verantwortlich und schwärmte von ihrem Sohn, der in seiner Ausbildung nur gelobt werden würde.

Er hingegen war ernsthaft besorgt, sicherte zu, auf seine Ex-Frau und seine Tochter positiv einwirken zu wollen, bremste aber gleichzeitig die Erfolgsaussichten.

Selbst in Anwesenheit ihrer Mutter sprach Vanessa nur über sie mit mir, war sich aber mit ihr meist nicht einig:

„Das habe ich dir ja auch schon gesagt. Arbeite doch einfach mit im Unterricht."

„Wieso sollte ich? Es ist total langweilig. Was interessiert mich das?"

„Aber wie willst du dann einen guten Abschluss bekommen?"

„Ich brauche keinen Abschluss."

„Wovon willst du dann leben?"

„Vielleicht lebe ich dann ja nicht mehr."

„Wieso solltest du dann nicht mehr leben? Willst du dich umbringen oder was?"

„Vielleicht."

Sie spielte mit Provokationen, Hilferufen und Offenbarungen, vermischte alles zu einer undurchdringlichen Fassade, triefend, unnahbar.

Ich telefonierte mit dem Jugendamt und ließ mich in einer anonymen Fallberatung über Möglichkeiten des Umgangs mit Vanessa und ihrem offensichtlichen Krankheitsbild informieren. Das brachte mir außer ein paar warmen Worten der Anerkennung für meinen Einsatz nichts, weil ich keine Diagnose präsentieren konnte. Ich sollte mich für eine psychiatrische Begutachtung bei den Eltern einsetzen. Danke fürs

Telefonat.

Vanessas Mutter schrieb mir alle zwei bis drei Tage Nachrichten, die sich zwischen zuversichtlichen Beschwichtigungen und hysterischen Verzweiflungen bewegten.

In der Klasse formierte sich eine breite Front der Befremdung über Vanessas Verhalten. Mehr fragend als genervt. Anna und Felix verteidigten Vanessa und erklärten in einer Klassenratsstunde, dass sie privat ganz anders wäre und man ihr eine Chance geben solle.

Ich unterstützte diese Haltung und bat um Verständnis für Vanessa oder zumindest ein neutrales Ignorieren ihrer Verweigerungshaltung im Unterricht.

„Warum sollte ich denn dann noch Hausaufgaben machen, wenn die nichts machen muss?", fragte Philipp nach.

Ich überlegte einen Augenblick und verwies anschließend darauf, dass es sicherlich einen guten Grund für Vanessas Verhalten gäbe und letztlich der Unterschied zwischen seinem und ihrem Verhalten auch über das Zeugnis deutlich werden würde.

„Was für einen Grund hat man denn, sich so zu verhalten?", insistierte er.

„Na ja, es gibt viele Dinge, die das Verhalten beeinflussen können. Mehr kann und will ich nicht dazu sagen."

Schweigen.

In den Wochen danach tolerierte meine Klasse das, was Vanessa zeigte oder eben auch nicht. Ich gab meine Bitten um ihre Mitarbeit nach über einem halben Jahr vergeblicher Bemühungen nach und nach auf und verfasste hierüber einen weiteren Aktenvermerk, den ich auch an die anderen unterrichtenden Kolleginnen und Kollegen meiner Klasse verschickte.

Die lang vorbereitete und von mir ersehnte Behandlung

in einer psychiatrischen Tagesklinik brach Vanessa nach wenigen Tagen mit Unterstützung ihrer Mutter ab. Das sei einfach nicht das Richtige hatte mir die Mutter schnell geschrieben und ohne einen Hinweis an mich mit der Schulleiterin die Rückkehr in meine Klasse besprochen.

Das hätte ihre Chance sein können, ihr Leben zu ändern, aber ihre Ergreifung lag außerhalb meines Einflussbereichs.

In der Supervision mit unserem Schulsozialpädagogen bekam ich einen verblüffenden wie effektiven Ratschlag: „Man kann Hilfe und Unterstützung bis zu einem gewissen Punkt anbieten. Ist der überschritten, muss man auch loslassen können. Vielleicht ist die Zeit für nachhaltige Veränderung dann einfach noch nicht gekommen."

Erst dieses Gespräch verschaffte mir Erleichterung in meinem dienstlichen Handeln, hatte ich zuvor doch immer wieder nach einer neuen Möglichkeit gesucht, Vanessa zu einem Schulabschluss zu verhelfen: Zuletzt kommunizierte ich auf Bitten der Mutter einseitig über handgeschriebene Briefe mit Vanessa. Auch erfolglos.

Obwohl erst in der achten Klasse, drohte sie aufgrund ihrer bereits zehnjährigen Schulzeit mit zwei Wiederholungen, am Ende des Schuljahres ohne Abschluss mit einem katastrophalen Abgangszeugnis von der Schule entlassen zu werden.

Vor den Osterferien kam, ganz ohne mich, noch einmal Bewegung in die Sache. Vanessas Vater hatte seine Ex-Frau und seine Tochter irgendwie davon überzeugen können, dass eine Mädchen-Wohngruppe mit Therapieanbindung eine hilfreiche Veränderung des äußeren Umfeldes wäre.

Vanessas Mutter forderte per Whatsapp eine

umfangreiche Abschiedsfeier für ihre Tochter und gab ungefragt den Tipp, ein T-Shirt mit einem Klassenfoto zum Abschied zu schenken und vielleicht noch einen Blumenstrauß mit weißen Blumen. Die würde sie so mögen.

Meine Bedenken, dass Vanessa der Klassengemeinschaft den Abschied in den letzten Monaten durch ihr Verhalten eher leicht gemacht hätte und ein solcher Abschied für alle künstlich wirke, wischte sie mit Appellen an meinen pädagogischen Auftrag und mein Gewissen beiseite.

„Sie haben sich ja auch nicht immer korrekt verhalten. Dass sie vor der Klasse von einer Krankheit bei Vanessa gesprochen haben, war ja auch nicht ganz korrekt. Sie schulden ihr was. Das war einfach nicht ganz korrekt. Muss man ja mal sagen. Nicht korrekt, sowas!"

Ich stellte noch einmal fest, dass ich mich korrekt verhalten hatte und sicher nichts schuldig sei, sagte aber schließlich doch eine Abschiedsfeier zu.

„Ist es denn wirklich sicher, dass Vanessa das Schuljahr in der Mädchen-Wohngruppe beenden wird?" Ich fragte vor dem Hintergrund der Erfahrung mit der Tagesklinik nach und wollte keinesfalls meiner Klasse eine Abschiedsfeier abringen, nur um Vanessa drei Wochen später dann doch wieder bei uns sitzen zu haben. Die Wohngruppe befand sich in einem anderen Landkreis, sodass Vanessa auch die Schule wechseln würde. Ich war auch skeptisch, ob sie die räumliche Trennung von ihrem gewohnten Umfeld überhaupt annehmen würde. Nötig war sie nach meiner Einschätzung in jedem Fall.

„Selbstverständlich. Glauben Sie, ich melde Vanessa einfach so an der neuen Schule an? Das ist eine klare Sache. Völlig klar."

Ich sprach also an einem von Vanessas Fehltagen mit meiner Klasse und musste sie nicht lange bitten, eine

Abschiedsfeier mitzutragen. Das T-Shirt mit dem Klassenfoto, bei dessen Erstellung in der ersten Schulwoche sie keinesfalls hatte mit abgelichtet werden wollen, in Größe XL bestellte ich aufgrund der Kurzfristigkeit noch in der Pause online, nachdem wir aufgeteilt hatten, wer was zum Frühstück mitbringen würde.

Bei der Feier ein paar Tage später hielt es Vanessa nur ein paar Minuten aus. Sie rannte mit ernstem Gesicht, weinend aus der Aula, in der wir eine lange Tafel zum Frühstück aufgebaut hatten, nachdem der Klassensprecher ihr die Blumen, eine von allen unterschriebene Karte und das T-Shirt überreicht und sich im Namen der Klasse verabschiedet hatte.

Meine kurze Ansprache zuvor hatte sie noch mit erstarrtem, abgewandten Blick ertragen.

Felix und Anna waren hinterher gegangen, um sie zu trösten, ich blieb mit den anderen 25 sitzen und frühstückte.

Vanessa ließ sich nicht mehr blicken, bedankte sich für nichts und verschwand ohne Abmeldung vom Schulgelände.

Ich informierte ihre Mutter und die Schulleitung und ging wieder zum Tagesgeschäft über. Wir räumten die Aula auf. Das Shirt und die Karte legte ich in die unterste Schublade meines Scheibtisches.

Zwei Tage später, an einem Sonntag, sollte Vanessa in der Wohngruppe einziehen. Ich hatte noch am Freitag der dortigen Leitung eine Email geschrieben und Übergabegespräche sowie Akteneinsicht angeboten.

Am Montag rief die Gruppenleiterin auf meinem Handy an, begrüßte mich freundlich und dankte mir aufrichtig für meine Kontaktaufnahme.

„Es ist aber gar nicht mehr nötig, dass wir uns weiter austauschen. Vanessa hat unsere Einrichtung heute morgen schon wieder verlassen."

Ich war nicht wirklich überrascht und erstaunt darüber, dass sie tatsächlich nicht einmal 24 Stunden ausgehalten hatte.

Vanessas Mutter meldete sich im Laufe des Tages und kündigte an, mit meiner Schulleiterin den Rest des Schuljahres an unserer Schule am kommenden Tag besprechen zu wollen.

Und selbstverständlich ermöglichte ihr die Schulpflicht, wieder in meine Klasse zurückzukehren.

Das war in der vergangenen Woche gewesen. Wortlos hatte sie ihren Platz an einem Einzeltisch wieder eingenommen und bereits mit ihren Blicken deutlich gemacht, dass sie keinerlei Nachfragen zu ihrer Rückkehr dulden würde.

All das hatte ich in Erinnerung, so wie sie nun vor mir stand und mir offensichtlich etwas Elementares mitteilen wollte.

Ich lächelte sie an. Kurz dachte ich, sie wolle sich vielleicht bei mir entschuldigen für die sinnlose Abschiedsfeier, das Schweigen, das Ignorieren und die Verweigerung der letzten Monate, aber dafür war zu viel Entschlossenheit in ihrem Gesicht. Was wollte sie?

„Sie stehen auf meiner Liste übrigens auf dem ersten Platz!", triumphierte sie und ich sah zum ersten Mal, seit ich sie kannte, ein echtes Lächeln in ihrem Gesicht. Breit grinste sie mich an, zufrieden mit ihrer Provokation.

„Welche Liste?", fragte ich.

Es war eigentlich klar, dass ich dem Drama näher als der Komödie war, hielt aber dennoch für einen Moment an der Idee fest, es könnte eine spezielle Art der Anerkennung meiner Bemühungen um ihre Person darstellen.

„Meiner Todesliste."

Sie machte eine bedeutungsschwangere Pause und analysierte meinen Gesichtsausdruck, badete in meinem ehrlichen Schock.

Ich stand auf, um auf sie herabschauen zu können.

„Damit macht man keine Scherze", unternahm ich den Versuch, ihr noch einen Ausweg aus dem, was aus einer solchen Aussage zwangsläufig folgen musste, aufzuzeigen.

„Das ist auch kein Scherz", sagte sie ruhig und grinste wieder, seltsam entkoppelt von dieser Welt, wie in einem Horrorfilm.

„Das Gespräch ist beendet. Du bleibst hier im Raum bis ich wieder komme", verfügte ich, hatte aber nur wenig Hoffnung, dass sie meiner Anweisung Folge leisten würde.

Als ich mit der Schulleitung zurück in den Raum kam, war er leer. Auf dem Schulhof war Vanessa auch nicht mehr zu finden. Nur Angelina, die noch einmal vergeblich versuchte, meine Unterschrift im Klassenbuch zu erhalten.

Die Polizei und eine Krisenmanagerin des Schulpsychologischen Dienstes waren eine halbe Stunde später in der Schule und arbeiteten ruhig und für mich erstaunlich routiniert ein eingeübtes Schema ab.

Es folgten eine Hausdurchsuchung, eine eintägige Einweisung in eine psychiatrische Klinik und die Suspendierung für zwei Wochen vom Unterricht.

Ich hatte keine Angst, empfand Vanessa auch immer noch nicht als Bedrohung, vielmehr nervten die gutgemeinten Ratschläge aus dem Kollegium: „Die kann nicht in deine Klasse zurück! Niemals!"

Das erschien logisch und geboten, aus den Parallelklassen übernehmen wollte sie aber niemand.

Also bot ich ganz bewusst nach den zwei Wochen

wieder an, dass sie zurück in meine Klasse kommen könne.

Ihre Mutter sicherte am Telefon zu, dass Vanessa sich selbstverständlich auch bei mir entschuldigen würde. Aber ich müsse auch Verständnis haben, schließlich habe ich mich ja auch nicht immer ganz korrekt verhalten. Und überhaupt. Ein Polizeieinsatz? Das wäre doch sicher nicht nötig gewesen. Ein Gespräch mit ihr hätte sicher ausgereicht.

Ich war müde geworden.

Vanessa kehrte zurück in meine Klasse, zeichnete weiter Mangas und erhielt am Ende des Schuljahres die dem entsprechenden Noten. Selbst in Kunst erhielt sie ein mangelhaft, denn sie hatte sich geweigert mit Tusche, anstelle ihrer Bleistifte zu zeichnen.

Am letzten Schultag vor den Sommerferien fehlte sie. Ihr Zeugnis blieb in meiner Ledermappe als einziges zurück.

Sie hat es nie abgeholt.

11.

Adnan

Ein lauter Knall erfüllte den Schulhof, auf dem über 600 Schülerinnen und Schüler auf ihren Holzstühlen, die sie aus den Unterrichtsräumen mit raus gebracht hatten, saßen. Sie hatten vor einer improvisierten Open-Air-Bühne Platz genommen, auf der der Abschlussjahrgang ihren letzten Schultag mit einem Gesangswettbewerb zwischen Schülern und Lehrern feierte.

Der Knall zu laut gewesen, um von einem geplatzten Luftballon zu stammen.

Die Schüler auf der Bühne reagierten instinktiv, während ich, erfüllt von Adrenalin, das Publikum beobachtete. Hatice unterbrach das Playback aus den Boxen, das sie mit ihrem Handy steuerte. Serkan senkte seine Stimme vor dem Mikrofon sofort und schaltete, ernsthaft berührt, um: „Geht's noch? Was soll der Scheiß?"

Stille auf dem Schulhof. Nur das Weinen mehrerer Kinder aus den ersten Reihen war zu hören. Die beiden Schulsanitäter mit ihren großen, roten Latexrucksäcken kamen angerannt, ebenso mehrere Kolleginnen.

Jemand hatte einen Böller geworfen. Mitten in die Fünftklässler hinein.

Ich beobachtete immer noch die Schüler, um herauszufiltern, wer sich über die Situation amüsierte.

Eine Gruppe von Jungs aus dem Abschlussjahrgang lachte am linken Rand des Zuschauerbereiches. Sie schlugen sich immer wieder anerkennend gegenseitig auf die Schulter.

Auf dem Weg zu ihnen, schnitt mir der stellvertretende Schulleiter den Weg ab: „Ich gebe Ihnen 30 Sekunden den Werfer zu finden und mir zu bringen. Ansonsten beende ich die gesamte Veranstaltung."

Das wirkte entschlossen, aber irgendwie auch unangemessen. Ich hatte zwar gemeinsam mit einer Kollegin und dem Abschlusskomitee diesen Vormittag organisiert, aber war für diesen Zwischenfall und somit auch für dessen Aufklärung sicher nicht allein verantwortlich.

Ich nickte ihm dennoch zu. Keine Zeit für Diskussionen.

Ich trat von hinten an die Jungs heran, die ich alle körperlich überragte. Einige hatten nicht mitbekommen, dass ich mich genähert hatte und drehten sich erschrocken um.

„Herr Vogt hat mir 30 Sekunden gegeben, den Werfer zu ihm zu bringen, sonst beendet er die Veranstaltung. Die Zeit läuft. 20. 19. 18. 17.“

„Hö? Wieso wir? Was soll das?“, wehrte Noah ab. Ich hatte nichts anderes erwartet.

„16. 15. 14.“

„Machen Sie mal keinen Scheiß. Das war keiner von uns“, lachte Joshua und schaute dabei nicht mich, sondern seine Freunde an.

„13. 12. 11.“

„Ey. Wir waren das nicht!“ Noah klang überzeugender, ließ aber mit seinem anschließenden Grinsen keinen Zweifel daran, dass sie mit dem Böller viel enger verbunden waren, als sie einräumen wollten.

„10. 9. 8.“

„Sag ma´! Alter, keinen Bock, dass jetzt hier Ende ist. Sag es!“

„7. 6. 5.“

„Ja, ok“, räumte Julian ein. „Ich habe geworfen.“

Er grinste noch, aber unsicher. Die anderen schauten ihn an.

Ich nahm ihn mit und lieferte ihn bei Herrn Vogt ab, der mit ihm ins Gebäude ging.

Nachdem klar war, dass niemand ernsthaft verletzt

worden war, machte die wieder einsetzende Musik deutlich, dass es nun weitergehen konnte.

Drei Tage später saß ich auf einer der Holzbänke auf dem Schulhof. Am wolkenlosen Himmel konnte man entfernt noch die letzten goldenen Luftballons ausmachen, die die Absolventen gerade eben hatten in die Luft steigen lassen. Ich hatte für viele Fotos mit einzelnen Schülern und Schülergruppen posiert und zuvor eine fast dreistündige Zeugnisverleihung absolviert, deren reibungsloser Ablauf in den Händen einer Kollegin und mir gelegen hatte.

Ich schloss die Augen. Wieder ein Jahrgang erfolgreich durch die Schulzeit gebracht. Dabei streckte ich die Beine aus. Die Hose spannte und ich freute mich darauf, gleich im Auto auf der Fahrt nach Hause die Krawatte und den obersten Hemdknopf lösen zu können.

Jemand setzte sich neben mich auf die Bank. Adnan hatte schon ein Foto mit mir und seinen Eltern gemacht und hielt die weiße Hochglanzmappe mit dem Stadtwappen und dem Schullogo auf dem Umschlag, in dem das Zeugnis lag, in der Hand.

„Na, bist du glücklich?", fragte ich ihn.

„Joa. Kann man so sagen", nickte Adnan und schob dabei die Lippen nach vorne.

Wollte er mit mir jetzt Noten diskutieren? Ein Drittel aller Unterrichtsfächer hatte er bei mir gehabt. Eine Drei in Deutsch war trotz unzähligen Überredungsversuchen seinerseits keinesfalls mehr drin gewesen. Wollte er das jetzt nochmal aufwärmen?

Adnan und mich hatte mehr als nur der gemeinsame Unterricht verbunden. Ich hatte mit ihm viele Nachmittage nach Schulschluss im Computerraum gesessen, Ausbildungsplätze recherchiert, Bewerbungen geschrieben, mit ihm für Einstellungstests geübt, mit ihm seine schriftliche Äußerung als Beschuldigter geschrieben, als er sich einem Ermittlungsverfahren wegen Fahrens ohne Führerschein hatte stellen müssen, war mit ihm in Absprache mit seinen Eltern zu Gericht gegangen, als er wegen Erschleichung von Dienstleistungen nach mehrmaligem Schwarzfahren verantworten musste und hatte die Wogen bei einem Online-Wettanbieter geglättet, nachdem er dort als Minderjähriger gespielt und die Daten seines Vaters hierzu angegeben hatte.

Ein entspanntes Wochenende in Lissabon hatte er mit zwei mehrstündigen Telefonaten verhindert, weil seine Freundin ihn geschlagen und wechselweise gedroht hatte sich umzubringen oder die Polizei zu rufen und ihn wegen Körperverletzung anzuzeigen, wenn er sich wirklich von ihr trennen würde.

Er hatte in zwei Wochen Geburtstag und würde volljährig werden. Er war nun bereit, auf eigenen Beinen zu stehen. Er musste es auch.

„Ich wollte nochmal danke sagen. Für alles so. Also was Sie für mich getan haben."

Er überreichte mir eine Krawatte.

„Die ist aus der Türkei. Extra für Sie. Auch von meinen Eltern."

Ich war gerührt. Die Krawatte war schwarz-blau kariert auf rotem Untergrund. Sie war zu dünn für meinen Geschmack und beinhaltete Farben, die ich kaum mit meinen Anzügen würde kombinieren können. Wahrscheinlich würde ich sie niemals anziehen. Aber die Geste war groß.

Wir gaben uns die Hand und ich bedankte mich auch bei ihm.

„Weißt du Adnan, eine Sache würde ich noch gerne

wissen."

Er schaute mich an.

„Wie ist Julian eigentlich an den Böller gekommen?"

Achselzucken.

„Woher soll ich das wissen?"

Ich wartete ab und schaute ihn an.

„Du hattest als einziger von den Jungs einen Rucksack dabei. Den hast du während des gesamten Tages nicht abgestellt, sondern die ganze Zeit auf dem Rücken getragen. So als wäre etwas darin gewesen, dass keiner finden durfte."

Jetzt machte er eine Pause. Kurz.

„Nein, ich hatte damit nichts zu tun."

Ich wartete einen Moment und nahm den Blick von ihm.

„Du bist nicht mehr Schüler unserer Schule." Dabei tippte ich mit dem Zeigefinger auf seine Zeugnismappe.

Julian ging mit seinen Eltern vorbei und rief herüber: „Erzähl nicht wieder irgendeinen Scheiß!"

Mit Ausnahme des letzten Satzes konnte er unser Gespräch nicht verfolgt haben und wusste dennoch genau, worüber wir gesprochen hatten.

Adnan schwieg unsicher und schaute auch auf die Pflastersteine des Schulhofes.

„Ja, ok", sagte er schließlich. „Aber das war unser Abschluss. Da wird man ja wohl noch einen Scherz machen können."

„Die Kleinen haben sich total erschrocken. Du hast Glück gehabt, dass keiner verletzt wurde. Und Julian dann als Sündenbock vorzuschieben ist jetzt auch nicht besonders cool."

„Der hat das Ding aber wirklich geworfen." Sein Blick lag wieder auf mir.

„Ich schätze mal, dass er das erst gemacht habt, nachdem ihr den Böller schon angezündet hattet."

Adnan grinste verlegen. „Was hat er nochmal für eine

81

Strafe bekommen?"

„Er musste die Hälfte seines Monatstaschengelds an unsere Partnerschule in Afrika spenden."

„Mhm." Er rang mit sich, blickte wieder auf und ich schaute ihn herausfordernd mit hochgezogenen Augenbrauen an.

„Ja, ist ok. Bringe ich heute Abend mit."

Ich klopfte ihm auf die Schulter, während ich aufstand.

„Danke für die Krawatte. Und nochmals herzlichen Glückwunsch zum Abschluss."

Er war stolz. Nur noch stolz.

12.

Herr Kramp

Das Handy vibrierte kurz in seiner Hosentasche. Es gehörte etwas Übung dazu, eine neue Nachricht auf dem Smartphone vom Motor des Schulbusses zu unterscheiden.

Boris reagierte nicht sofort, schaute erst noch einen Augenblick aus dem Fenster, bevor er das Handy hervorholte.

Tristan glotzte bereits seit er sich ihm gegenüber auf die Plastiksitzschale gesetzt hatte auf den leuchtenden Bildschirm und wischte regelmäßig mit dem Daumen auf dem Display.

„Zieh dir das rein", forderte er Boris begeistert auf und lachte laut.

Boris, der kurz zu Tristan aufgeschaut hatte, konzentrierte sich nun skeptisch auf Whatsapp und zog die Augenbrauen nach unten. Gerry hatte ein Video in die Klassengruppe geschickt. Sein Highspeed war bereits aufgebraucht. Der unterbrochene Kreis in der Mitte des Videofensters drehte sich unentwegt.

„Hast`e?", fragte Tristan.

Boris schürzte die Lippen und drückte, ohne aufzuschauen, langsam sein Kinn auf den Brustkorb.

Erst jetzt wurde das Videofenster klar und er konnte auf den Play-Button drücken.

Das Video vergrößerte sich nun auf die gesamte Größe des Displays. Eine junge Frau war zu sehen, enges Top, kurzer Rock, auffällige Sneaker. Sie filmte sich mit einem Selfie-Stick von oben, während sie lächelnd redete. Immer wieder zwinkerte sie in die Kamera. Was sie sagte, konnte Boris nicht verstehen. Er hatte den Ton ausgestellt.

Was sollte das? Mit dem rechten Zeigefinger führte er

den Statuspunkt des Videos entlang der Zeitleiste weiter nach rechts. Als er fast nur noch Haut auf dem Bildschirm ausmachte, zog er seinen Finger zurück und er sah nun wieder in Echtzeit, wie sich die Frau nunmehr nackt nach vorne gebeugt an einem Zaun festhielt und sich monoton nach vorne und gleich wieder nach hinten bewegte. Dabei schaute sie immer wieder über ihre linke Schulter nach hinten, direkt in die filmende Kamera, die offensichtlich von einem Mann gehalten wurde, der auf zwei Ebenen in das Geschehen involviert war.

Boris sah nicht zum ersten Mal einen Porno und er musste sich keine Mühe geben, Ansätze von Erregung zu unterdrücken. Das war ziemlich erbärmlich.

„Und?" Tristan feixte und gierte nach Boris` Reaktion.

„Hä?", begann Boris fragend, während er den Bildschirm ausschaltete und sein Handy wieder in die Hosentasche steckte. „Findest`e jetzt geil oder was?"

„Geht so", entgegnete Tristan. „Aber hast du gecheckt wo das ist?"

„Ne, wieso?"

„Das ist bei uns auf dem Schulhof!" Tristan triumphierte und präsentierte Boris ein Standbild des Films auf seinem Handy. „Guck mal hin! Da im Hintergund!"

Boris schärfte seine Augen und kam näher an das hingehaltene Smartphone. Das war tatsächlich auf dem Schulhof. Die Sitzbänke, das Gebäude im Hintergrund mit den markanten gelben Vorhängen. Was? Die hatten einen Porno auf dem Schulhof gedreht?

„Wer ist das? Geht die bei uns auf die Schule?", fragte er aufgeregt.

„Ne. Kennst du die nicht? Die wohnt hier. Der Typ von der fährt diesen riesigen SUV. Hab die schon mal bei Mc Donalds gesehen. Wahrscheinlich haben die da auch gedreht." Tristan lachte und verpasste den richtigen

Moment, das Thema zu wechseln. „Bei einem Video sind die auf...“

Boris lehnte sich wieder zurück gegen die Plastiklehne. „Komm, is´ gut.“

Nachdem Boris mir in der Pause von dem Video erzählt hatte und ich gerade noch hatte verhindern können, dass er mir Beweise vorlegte, setzte ich mich im Lehrerzimmer an einen der Computer und gab auf einer Suchseite den Namen der Darstellerin, die er mir genannt hatte, ein. Nur Sekunden später hatte ich auf der eigenen Internetseite von „Lulu“ eine lange Liste von Videos aufgeschlagen. Der abgebildete Screenshot des dritten Films zeigte eindeutig das Schulgelände im Hintergrund, während Lulu im Vordergrund nicht nur ihr hochgezogenes Top präsentierte.

Im kurzen Begleittext rechts daneben, der immerhin nur zwei orthografische Schwächen beinhaltete, führte „Lulu“ in der Ich-Perspektive aus, dass sie vom Hausmeister beim Spielen auf dem Schulhof erwischt worden sei und sie ihm daraufhin vorgeschlagen habe, ihr „Fehlverhalten“ bei ihm abzuarbeiten.

Für 8,99 Euro hätte ich das 15-minütige Video anschauen können. Ich forderte einen Ausdruck der Seite an.

„Was machst du denn da?“, fragte mich Adelheid, die wohl hinter mir vorbeigehen wollte und dann an den nackten Brüsten auf dem Bildschirm hängen geblieben war. Sie hatte so neutral formuliert und betont, dass sowohl aufrichtiges, aber auch vorgetäuschtes Entsetzen möglich waren. Sie war die Klassenlehrerin meiner Parallelklasse, unterrichtete Mathematik und Religion und konnte mittlerweile die Monate statt die Jahre bis zur Pensionierung zählen.

„Ich... ähh...“, stammelte ich und merkte, wie ich auch noch rot im Gesicht wurde.

Adelheid lachte laut und ehrlich.

„Schaust du dir Schmuddelfilmchen in der Pause an? Mach das doch zu Hause."

Ich klärte erst sie und anschließend den Kollegen am Kopierer, der die ausgedruckten Pornoseiten irritiert zur Seite gelegt und sich meine Rechtfertigung bis zum Schluss mehr skeptisch als amüsiert angehört hatte, umfassend auf. Erst als ich ihm anbot mit mir zur Schulleitung zu kommen, winkte er endlich ab. „Damit will ich nichts zu tun haben."

Nach dem Gespräch mit Frau Gübner-Haberkorn ging alles sehr schnell: Herr Kramp, der Hausmeister, wurde informiert und war wenige Minuten danach bereits auf dem Weg zum Schulverwaltungsamt, Kopien meiner Ausdrucke in der Tasche.

Nachdem man sich dort das Video in voller Länge angeschaut und festgestellt hatte, dass Herr Kramp mit dem Video nichts zu tun hatte, beruhigte man ihn mit dem Hinweis darauf, dass weder sein Name, noch der der Schule genannt würde. Und da es sich um ein frei zugängliches Gelände handele, würde auch kein Hausfriedensbruch vorliegen. Der Justiziar verwies ihn auf eine Zivilklage, deren Kostenrisiko er aber selber zu tragen und die wenig Aussicht auf Erfolg habe.

Auch bei der Polizei erhielt er keine Unterstützung. Es läge aufgrund der fehlenden, eindeutigen Zuordnung auf seine Person weder eine Beleidigung, noch eine Verleumdung vor.

Seine Befürchtungen, das Video könne in der Schülerschaft seinen Ruf beschädigen, bestätigten sich aber auch nicht. Die wenigen Schüler, die das Video gesehen oder von ihm gehört hatten, fokussierten sich auf die Bilder, dabei schlechtestenfalls noch auf den Drehort, in keinem Fall jedoch auf den Begleittext.

Typisch!

13

Chantal

Nur mit jahrelanger Erfahrung war die angestrengt gespielte Normalität in ihren Gesichtern zu erkennen, mit der sie sechs Minuten verspätet den Klassenraum betraten. Chantals blondierter Zopf wurde von einem schwarzen Haarband auf dem Hinterkopf zusammengehalten, so dass ihr perfekt geschminktes Gesicht, dessen Herstellung sicher täglich mehr Zeit in Anspruch nahm, als sie für die Erledigung ihrer Hausaufgaben aufwandte, jederzeit frei von Haaren in Augenschein genommen werden konnte. So sah sie deutlich älter als 15 aus, verhielt sich aber zu meiner Beruhigung ansonsten altersgerecht.

Ihre Freundin Bahar orientierte sich offensichtlich an ihr, imitierte Schmink- und Kleidungsstil, war aber im Auftreten deutlich zurückhaltender und beschränkte sich in der Regel auf zweisilbige Bestätigungen von Chantals Ausführungen, wie „Genau!" oder „Rischtisch!".

Heute trugen sie die gleichen braunen Moonboots mit weißem Fellimitat, darin eine schwarze, eng anliegende Leggins mit goldenem Zierstreifen an den Seiten, darüber einen ebenso schwarzen, grob gestrickten Rollkragenpullover, deren Kragen nicht die Hälse abdeckte, sondern ausladend nach vorne geklappt auf den Brustbeinen lagen.

Bahar hätte in diesem Outfit wirklich gut ausgesehen, wenn das Outfit an Chantals Körper im Vergleich nicht viel passender gewirkt hätte.

Als sie an meinem Pult vorbeigingen, roch ich Zigarettenrauch und Deo.

Sie waren sich bewusst, dass sie den bereits begonnenen Unterricht durch ihr Hereinplatzen störten. Chantal genoss es. Bahar nicht.

Ich fragte nichts, sondern verfolgte Chantal mit meinen Augen, beobachtete, wie sie sich setzte, ihre Papiertüte von Hollister auf den Boden stellte und zunächst ihre Sitznachbarin begrüßte, ohne auf mich oder die Stille im Raum zu achten.

Bahar setzte sich, wie immer, neben sie und holte immerhin ohne Aufforderung Mäppchen und Heft aus ihrem Rucksack.

Jetzt schaute Chantal in mein fragendes Gesicht.

„Was?", fragte sie, obwohl sie wusste, was ich wollte. Ich machte eine einladende Handbewegung, neigte den Kopf zur Seite und zog die Augenbrauen fragend hoch. Ich wollte ihr nicht den Gefallen tun, das Offensichtliche zu erfragen.

„Ja. Der Bus halt. Können Sie sich doch denken."

„Ok. Der Bus war zu spät. Aber dass ihr zu spät seid, hat vielmehr mit der Zigarette, die ihr im Fahrradkeller noch geraucht habt, zu tun. Oder?"

„Genau", sagte Bahar und sorgte mit ihrer unbedachten Standardäußerung für einen Lacher beim aufmerksamen Publikum. Sie selber lachte auch. Chantal nicht.

„Chantal?" Ich war noch ruhig, obwohl ich mich über die Dreistigkeit ärgerte. Zu oft waren sie schon beim Rauchen erwischt, die Eltern informiert und sie zur Säuberung des Fahrradkellers nach Unterrichtsschluss herangezogen worden.

„Haben Sie Beweise?", fragte sie genervt zurück und vermied Blickkontakt.

Ich setzte zu einer Grundsatzrede über Respekt und die Schulregeln an, die an ihr, wie auch an Bahar mit hoher Wahrscheinlichkeit ebenso vorbeigehen würde, wie meine letzten Monologe dieser Art. Gegen Ende wollte Chantal ihr Desinteresse an meinen Ausführungen untermauern und hob ihre Papiertüte auf die Tischplatte, um jetzt auch ihr Mäppchen daraus hervorzuholen. Sie stellte mir eine Falle. Würde ich darauf eingehen, könnte sie fragen, ob sie jetzt nicht mal mehr ihr Material rausholen dürfe. Ich ignorierte das durchschaubare Manöver, merkte aber dadurch, dass ich mich schon wieder auf einen Konflikt eingelassen hatte, der hier in der Situation so oder so nicht zu lösen war.

„Dein Buch?", fragte ich abschließend mit Blick auf die Tischplatte vor ihr.

„Habe ich nicht dabei. Ich kann bei Bahar mit reinschauen. Wir wechseln uns immer ab."

„Du musst dein eigenes Buch mitbringen. Wäre Bahar nicht da, hättest du keins."

Sie wollte wieder etwas entgegnen, aber ich stoppte sie mit einer abwehrenden Handbewegung, um dann in mein Notenbuch das fehlende Material bei Chantal für diese Stunde einzutragen.

„Das passt nicht alles in meine Tasche", wehrte sich Chantal.

„Das ist keine Tasche, sondern eine Papiertüte. Benutze einen Rucksack oder eine richtige Schultasche, wie alle anderen auch, dann passen auch alle Materialien rein."

„Das ist mein Freund." Sie drehte mir die breite Seite der Tüte zu, auf dem der Firmenname über das Foto eines durchtrainierten jungen Mannes, der nur in roter Badehose am Strand entlang schlendernd in die Kamera schaute, abgebildet war. Sie küsste ihren rechten Zeigefinger und führte ihn zielsicher zum Kopf des Models auf der Tüte.

„Is´ klar!" Ich hatte mich nun wirklich lange genug mit ihr beschäftigt und schob das zugeklappte Notenbuch wieder an die Tischkante.

„Wir können wetten", forderte sie.

Ich fiel noch einmal darauf hinein.

„Alles klar. Wenn dieser amerikanische Surferboy auf

deiner Tüte da wirklich dein Freund ist, geht ihr auf meine Kosten ins Restaurant."

„Deal!" Sie klatschte vor Freude in die Hände.

Ich nickte noch und wiederholte die erste Strophe des Zauberlehrlings, um endlich weiter machen zu können. Bei „Seine Wort und Werke" fiel mir ein, dass ich überhaupt keinen Wetteinsatz von ihr gefordert hatte. Aber vielleicht war das auch besser so gewesen. Mit Schülern wettete man ohnehin nicht.

Nach Unterrichtsschluss saß ich im Lehrerzimmer an meinem Platz und übertrug Noten aus Klassenarbeitsheften in mein Notenbuch. Die meisten Kolleginnen und Kollegen waren bereits aus dem Haus und ich würde ihnen gleich folgen, als es an der Tür klopfte.

Ich saß deutlich weiter weg von der Tür als Frau Grellenberg und Achim und bewegte mich deshalb nicht.

„Kundschaft, Friedrich!", rief Achim herüber. „Beim nächsten mal gehst du bitte direkt, wenn du jemanden erwartest." Woher sollte ich bitte wissen, dass...?

Ich nickte ihm zu und ging zur Tür.

Auf dem Flur stand Chantal, ihre Türe in der Hand und lächelte breit. Neben ihr stand der Kerl von der Papiertüte. Die gleiche Frisur, die Gesichtszüge. Chantal hielt zum direkten Vergleich die Tüte auf seine Kopfhöhe und verdeckte damit ihr eigenes Gesicht. Ich war sprachlos.

„Soll er noch seinen Sixpack zeigen, damit Sie vergleichen können?", freute sie sich.

„Nein. Äh... Danke." Der junge Mann nahm die Hände wieder vom Pulloversaum und schaute fragend zu seiner Freundin.

„Darf ich vorstellen? Das ist Rafael. Wir sind seit drei

Monaten zusammen und er geht gegenüber auf die Schule."

Ich brauchte noch einen Augenblick, bis ich ihm die Hand reichte und mich als der Klassenlehrer von Chantal ausgab.

„Wenn ich fragen darf: Wie kommen Sie zu dieser Tüte? Oder den Fotos?"

„Erzähl es ihm", forderte Chantal unnötig und aufgekratzt auf.

Man hatte ihn beim Shoppen im Flagshipstore in der Großstadt angesprochen, ob er nicht für die Marke arbeiten wolle. Mehrere Monate hatte er oben ohne im Eingangsbereich des Geschäftes die Kundinnen und Kunden begrüßt und dafür 15 Euro die Stunde erhalten. Mit T-Shirt wären es nur 10 gewesen. Darüber hinaus habe er zwei Fotohootings für Kataloge und Werbeaktionen gemacht.

„In den USA?"

„Nein, hier am See."

Ich schaute nochmal auf das Motiv. Dass ich den Pazifik nicht von einem deutschen Baggersee hatte unterscheiden können, enttäuschte mich mehr, als die verlorene Wette.

„Ich kümmere mich um einen Gutschein für ein Restaurant", räumte ich ein. Chantal zog das „Danke" in die Länge und Rafael sogleich hinter sich her.

„Bis morgen", rief ich hinterher. Sie winkte von der Eingangstür aus. „Pünktlich bitte" hörten sie nicht mehr.

14

Frau Schubert

In der Aula hatten es nicht alle im Publikum bemerkt, aber die, der der Affront galt, stand noch einen Augenblick mit ausgestreckter Hand auf der Bühne neben der Schulleiterin Frau Hübner-Haberkorn und schaute Levin hinterher, bevor sie den Arm wieder herunternahm. Er hatte seiner Klassenlehrerin Frau Schubert tatsächlich den Handschlag zum Glückwunsch verweigert, nachdem sie ihm sein Abschlusszeugnis überreicht hatte.

Beim Sektempfang im Foyer hatte ich erst zwei Schülerinnen gratuliert und mich für ein Foto mit ihnen positioniert, als Levin mit seinen Eltern auf mich zukam. Ich beglückwünschte die drei, aber deswegen waren sie nicht zu mir gekommen.
Er hielt mir wortlos sein Zeugnis hin. Ich überflog die Noten, konnte aber nichts Auffälliges feststellen. Er war ein intelligenter, wacher Schüler, der aber im Unterricht weit hinter seinen Möglichkeiten zurückgeblieben war, zumindest in meinem Fach.
„Sehen Sie es?", fragte er schließlich wütend. Seine Mutter nippte nun zum dritten Mal nervös an ihrem Sektglas.
Ich verneinte. Die Noten waren in Ordnung. Durchschnittlich.
„Deutsch!"
Ich wusste die Position der Deutschnote auf unseren Zeugnissen auswendig. Da stand „ausreichend".
Ich schaute ihn fragend an.
„Die Alte ist so krass behindert!"
„Das ist so typisch für diese Schule." Sein Vater schüttelte den Kopf und leerte sein Sektglas in einem

Zug.

Mein Gesicht zeigte offenbar immer noch nicht die gewünschte Reaktion, so dass er ohne Nachfragen erklärte.

„Vornote war eine Drei. Abschlussprüfung war eine Drei. Halbjahresnote war eine Drei. Merken Sie was?"

Das hörte sich tatsächlich merkwürdig und falsch an, bedeutete aber noch nicht, dass es wirklich stimmte. Schüler behaupteten in der Wut über schlechte Noten schnell Argumente, die sich bei näherer Betrachtung als wenig oder gar nicht belastbar herausstellten.

Levin kramte nach seinem Handy und zeigte mir nach einigem Wischen auf dem Bildschirm das Foto eines Notenausdrucks. Dieser bestätigte klar, dass ihm in Deutsch eine Drei zustand. Alle seine Angaben entsprechen der Wahrheit.

„Das würde ich einfach mit Frau Schubert gleich besprechen. Das ist bestimmt ein Fehler, der sich schnell beheben lässt", beruhigte ich, ohne Erfolg.

„Die mache ich fertig", schnaubte der Vater und ließen mich stehen.

Levin berichtete mir wenige Minuten später, dass Frau Schubert ziemlich ängstlich und sehr „scheißfreundlich" gewesen war im Gespräch. Sie seien jetzt für Montag in der Schule verabredet. Er solle den Notenzettel und das Zeugnis mitbringen und dann würden sie die Sache klären.

Ich hatte die Sache für mich schon abgehakt, als mir Levin am Montag eine Nachricht schickte und fragte, ob seine Mutter mit mir telefonieren könne. Frau Wagner erklärte mir fassungslos, dass Frau Schubert sich zwar mit ihrem Sohn wie verabredet getroffen, aber nichts in ihrem Sinne geklärt habe. Sie habe Levin den

Notenzettel aus der Hand genommen, die Vornote darauf handschriftlich in eine Fünf geändert und ihn dann stehen lassen. „Was können wir jetzt tun?"

Ich versuchte meine Verwunderung über diese Aktion, wenn sie denn tatsächlich so stattgefunden hatte, zu verbergen und eröffnete allgemein die Möglichkeit eines Widerspruchs gegen die Note. Ich erläuterte kurz, was dabei zu beachten sei und merkte, wie sich Frau Wagner hörbar beruhigte.

Sie schickte noch am gleichen Tag per Einschreiben einen Brief an Frau Hübner-Haberkorn, in dem sie das Geschehene ausführlich beschrieb. Fett gedruckt stand darunter: „Hiermit lege ich Widerspruch gegen die Benotung meines Sohnes im Fach Deutsch ein". Sie fügte noch eine Kopie des handschriftlich von Frau Schubert veränderten Notenzettels bei, fotografierte alles ab und schickte mir, mit sich selbst offensichtlich sehr zufrieden, Fotos von ihren Dokumenten.

Ich informierte Frau Hübner-Haberkorn und Frau Schubert per Email darüber, dass ein Widerspruch zur Deutschnote von Levin Wagner zu erwarten sei. Die Mutter habe mir dies soeben mitgeteilt. Das war nur fair.

Meine Schulleiterin bedankte sich wenig später per Email für die „Vorwarnung". Von Frau Schubert kam an dem Nachmittag keine Reaktion und auch später nie.

Nur zwei Tage später schrieb mir Levin, dass ihn Frau Hübner-Haberkorn gerade telefonisch darum gebeten habe, am kommenden Tag sein neues Zeugnis in der Schule abzuholen und das alte für einen Tausch mitzubringen. Frau Schubert würde ihm dann dabei auch noch etwas sagen wollen. Er freute sich.

Es war tatsächlich nicht von mir geplant gewesen, dass ich beim Gang ins Sekretariat an Levin und Frau Schubert am nächsten Vormittag vorbeiging.

„Das hätten wir auch anders regeln können, Levin! Ich bin sehr enttäuscht von dir!", begrüßte sie ihn.

Ich war längst an ihnen vorbei. Ohne Begrüßung. Nur mit einem Nicken, aber auch das hätte ich mir sparen können, denn Levin registrierte mich nicht.

„Wie denn? Ich war doch bei Ihnen vorher!"

Entweder war ich zu weit weg oder Frau Schubert entgegnete darauf nichts mehr. Als ich zurück zum Lehrerzimmer ging, war der Flur leer.

Im Lehrerzimmer zurück saß Frau Schubert mit verschränkten Armen auf ihrem Stuhl und schaute aus dem Fenster. Sie pumpte mit den Kiefermuskeln.

Ich sagte nichts.

15.

Tyler

„War doch nur Spaß!", wiederholte er. Immer und immer wieder.

Wir saßen uns im Elternsprechzimmer an einem Tisch gegenüber. Er lehnte weit nach hinten gebeugt gegen seinen Stuhl, die Beine ausgestreckt unter der Tischplatte. Er bemühte sich sehr darum, entspannt zu wirken, scheiterte aber.

Die Schulleiterin Frau Hübner-Haberkorn betrat das Zimmer und setzte sich neben mich.

„Deine Mutter ist verständigt und auf dem Weg hierhin. Ich möchte jetzt von dir noch einmal wissen, wie das aus deiner Sicht abgelaufen ist." Sie schaute ihn ernst an und klickte die Mine ihres Kugelschreibers heraus, um sich Notizen in einer Ledermappe mit Notizblock zu machen.

„Habe ich doch schon gesagt."

„Nochmal bitte." Sie war ruhig und sachlich.

„Wir standen an der Tür wegen Pause. Elisa ist irgendwie hingefallen auf den Tisch und ich wollte ihr helfen. War nur Spaß!"

Frau Hübner-Haberkorn schaute mich auffordernd an.

„Tyler. Du hast Elisa aus heiterem Himmel am Hals gepackt, dann mit dem Kopf auf die Tischplatte gedrückt und dich hinter sie gestellt und dann hast du..." Ich überlegte, wie ich mich nun für ihn drastisch und plastisch genug und dennoch angemessen ausdrücken sollte. „Dann hast du so getan als wenn du Sex mit ihr hast."

„Hä? Wieso Sex? Hatte ich keine Hose an oder was? Was labern Sie?"

„So getan, habe ich gesagt. Du hast dich mit deinem Becken gegen ihren Po gedrückt. Mehrmals. Und dabei

97

hast du gestöhnt." Ich fasste mir mit beiden Händen in die Hüfte.

„Was? Ich verstehe nicht."

Ich wusste nicht, ob er mich wirklich nicht verstanden hatte, einfach provozieren wollte oder einen Ausweg suchte.

Mir war das zu blöd. Ein Gespräch würde jetzt sicher nicht daran scheitern, dass er sich in den letzten Jahren einen zu geringen Wortschatz angeeignet hatte.

Ich stand auf und imitierte seine Körperbewegungen.

„So hast du gemacht!" Er nickte. Endlich eindeutig genug. Ohne Ausrede.

„Das war doch Spaaaaaß!" Er beteuerte verzweifelt.

Es fühlte sich besser an stehen zu bleiben.

Über eine halbe Stunde war der Vorfall nun schon her und er hatte sich kein Stück bewegt. Er hatte Elisa nach dem Übergriff weinend gesehen. Er war von mir am Arm von ihr weggezogen und anschließend ins Schulleitungszimmer gebracht worden. Er hatte gehört, wie die Sekretärin erst die Schulsozialarbeiterin für Elisa verständigte und anschließend seine Mutter angerufen worden war. Nichts hatte ihn bisher beeindruckt.

„Ok. Gut." Ich machte eine stoppende Handbewegung in seine Richtung und blendete aus, dass meine Vorgesetzte neben mir saß. Ich wollte endlich etwas an ehrlicher Reaktion von ihm bekommen. So sollte er sich hier nicht aus der Situation retten können. Dass sein Verhalten weitreichende Konsequenzen für ihn haben würde, war klar. Aber er sollte auch jetzt schon nicht mit diesem Dummstellen davon kommen. „Stell dir vor, ich greife mir jetzt hier deinen Kopf, drücke dich auf den Tisch und stelle mich hinter dich und mache dann auch noch ein paar Berührungen an deinem Po. Und dann beschwerst du dich völlig zurecht über mein Verhalten.

Und ich sage dann: Ach, das war doch nur Spaß. Was glaubst du? Ist es dann Spaß gewesen? Nur weil ich sage, dass es Spaß war?"

„Bin ich schwul oder was?", blaffte er zurück, streckte sich und drückte seine Brust nach vorne.

„Das weiß ich nicht. Wahrscheinlich nicht. Aber ich weiß, dass nur weil einer sagt, dass es Spaß ist, es nicht automatisch wirklich nur Spaß ist."

Er schaute mich an.

„Kapiert, oder?", fragte ich und setzte mich wieder.

Er nickte. „Du hast Elisa doch weinen gesehen!", setzte ich nach.

„Ja, war dann wohl kein Spaß!" Seine Augen fixierten den braunen Teppichboden.

Seine Mutter erschien im Türrahmen. Ihr erster Satz wischte seine Einsichten mit einem Mal weg: „Ohne Anwalt sagt mein Sohn nichts mehr!", ließ sie uns wissen und dirigierte ihn mit einer leichten Kopfbewegung aus dem Raum.

Wir standen ebenfalls auf und baten sie, sich doch mit uns über die Situation zu unterhalten.

„Sie wollen uns immer nur verarschen. Typisch deutsche Schule. In Bulgarien kein Problem. Kann man reden. In Deutschland immer Probleme. Der Anwalt wird mit ihnen sprechen."

„War alles nur Spaß", hauchte Tyler seiner Mutter zu.

„Sehen Sie? Er sagt, war nur Spaß. Dafür muss ich extra von der Arbeit kommen."

„Aber wenn Herr Sieben Ihren Sohn jetzt hier auf den Tisch drücken und so tun würde, als hätte er Sex mit ihm, dann wäre das sicher auch kein Spaß", entfuhr es meiner Chefin, der es jetzt auch langsam mit dieser Rechtfertigung reichte.

„Mein Sohn ist nicht schwul!", fauchte sie zurück.

Sie gingen. Den Flur hinunter, hinaus ins Foyer und

anschließend über den Schulhof zur Straße. Wir schauten ihnen durch das Fenster hinterher.

Am nächsten Tag erschien Elisas Vater mit zwei weiteren Familienmitgliedern in der Schule und verlangte im Sekretariat Auskunft darüber, wo Tyler jetzt sei. Als die Sekretärin ihm die Auskunft verweigerte, ging er weiter ins Schulleitungszimmer und trug dort sein Anliegen erneut ohne Anmeldung aber mit Nachdruck vor. Er wolle wenigstens die Adresse haben. „Der hat meine Tochter gebrochen!", schrie er.

Frau Hübner-Haberkorn konnte ihn geschickt beruhigen und sprach lange mit ihm und seinen Brüdern. Sie riet ihnen zur Strafanzeige und erfuhr, dass Elisa den ganzen Tag und die ganze Nacht völlig aufgewühlt und verzweifelt gewesen sei. Auch die Anzeige bei der Polizei sei gestern bereits erstattet worden, habe aber nichts zur Entspannung der Situation zu Hause beitragen können. Er wolle dem Jungen noch einmal von Angesicht zu Angesicht sagen, was er angerichtet habe. „Nur reden, verstehen Sie."

Als die Stimmung so weit abgekühlt war, dass er bereit war freiwillig und ohne Tylers Adresse das Schulgelände wieder zu verlassen, hatte die große Pause gerade begonnen und die drei Männer gingen über den vollen Schulhof zu ihrem Wagen.

Als ein Junge, der mit Tyler das Alter, die schwarze Haarfarbe und die sportliche Figur gemeinsam hatte, zu seinen Freunden laufen wollte, deutete Elisas Vater das als Fluchtversuch, rannte hinterher und nahm den Jungen in den Schwitzkasten.

Innerhalb von Sekunden eilten Schüler zu ihnen und es gelang schließlich einigen Älteren das Missverständnis aufzuklären, noch bevor die Lehreraufsichten zum

Konflikt vorgedrungen waren.

Als die Polizei eintraf, war Elisas Vater bereits verschwunden.

Tyler war nicht in die Schule gekommen.

Elisa fragte am Abend ihre Eltern, ob sie ihr ein bisschen Geld geben könnten. Sie müsse sich von dem Horror ablenken und wolle ein wenig shoppen gehen. Der Vater war froh, etwas für seine Tochter tun zu können und gab ihr einen 50-Euro-Schein.

Als sie bereits in der Wohnungstür stand, fragte er sie, warum sie einen Rucksack zum Einkaufen mitnähme. Sie antwortete, dass sie darin ein paar Tops verstaut hätte, um im Laden schauen zu können, ob sie zu den neuen Sachen passen würden.

Elisa fuhr in die Stadt, kaufte am Busbahnhof ein Ticket und fuhr eine halbe Stunde später nach Italien, zu ihrer Oma.

Erst am frühen Morgen des nächsten Tages, nachdem sie bereits über die Grenze war, schrieb sie ihren Eltern, die voller Sorge mit der Polizei bereits nach ihr gesucht hatten, von ihrem Plan. Obwohl Elisas Vater die fast 2000 Kilometer bis in sein Heimatdorf raste und nur zum Tanken anhielt, erreichte er vor Ort nichts. Elisa sagte ihm, dass sie Deutschland nie wieder freiwillig betreten werde. Er könne sie mitnehmen, ja. Aber sie würde immer wieder die erste Gelegenheit nutzen, um zurück nach Italien zu fahren. Zwei Tage später fuhren ihre Eltern alleine wieder nach Deutschland. Elisa blieb bei ihrer Großmutter.

Auch Tyler kam nie wieder zurück an die Schule. Die Polizei fragte mehrmals an der Schule nach, ob wir Hinweise über seinen Aufenthaltsort hätten. Seine

Mutter gab an, er sei bei Verwandten im Ausland und zeigte sich ansonsten wenig kooperativ.

War doch nur Spaß.

16

Frau Schultheiß

Die Blätter fielen auf den Boden, weil sie sie gerade mit dem Unterarm vom Tisch gefegt hatte. „Ich brauche euch nicht. Ich brauche das hier nicht. Lasst mich doch einfach alle in Ruhe!"

Ihr Kopf war glich in der Farbe einem Basketball und ihr mit Haarspray fixierter Pony bewegte sich unnatürlich starr mit dem Kopf mit.

Andrea und ich saßen Frau Schultheiß gegenüber, die die letzten Wochen ihres Referendariats vor sich hatte und der wir in der vergangenen halben Stunde hatten klar machen wollen, dass sie zum Bestehen der Unterrichtspraktischen Prüfung am Ende ihrer Ausbildung noch einige Defizite aufzuarbeiten hatte.

„Ich kann das alles und brauche keine Gespräche mehr. Es läuft bei mir."

Sie war mit dieser Meinung alleine im Raum. Ihre letzten Unterrichtsbesuche waren katastrophal abgelaufen und auch entsprechend benotet worden. So hatten wir beispielsweise eine Stunde in meiner 8. Klasse zwar im Vorfeld inhaltlich und didaktisch-methodisch besprochen, wir hatten einige Verbesserungen vorgenommen und ich hatte ihr fehlende Requisiten für das geplante Rollenspiel besorgt, weil sie angegeben hatte, nicht zu wissen, wo sie eine Krone für Ludwig XIV. und eine Milchkanne für einen Bauern herbekommen sollte. Gezeigt hatte sie dann aber, ohne jede Absprache oder Vorlage eines geänderten Stundenentwurfes, eine völlig andere Stunde zu einem Thema, das in der Jahrgangsstufe 8 überhaupt nicht vorgesehen, sondern bereits in der Jahrgangsstufe 7 behandelt worden war.

In der Nachbesprechung mit der Fachseminarleitung

und mir als ihrem Ausbildungslehrer hatte sie sich damit gerechtfertigt, dass sie nicht verpflichtet sei, ihre Stundenentwürfe mit mir im Vorfeld abzusprechen.

Damit hatte sie formal recht, aber dass ich sie so vor einer ganzen Reihe von fachlichen Fehlern und didaktischen Stolperfallen hätte bewahren können, ignorierte sie damit.

Ich versuchte den Counterpart von ihr zu geben und sagte ruhig: „Unser Eindruck ist, dass du eben noch nicht alles kannst, weshalb wir dir anbieten, dich auf deinem Weg zur Prüfung zu unterstützen."

„Was kann ich denn angeblich noch nicht?" Ihre Stressflecken auf dem ungeschminkten Hals setzten sich immer deutlicher von ihrer Haut ab. Ihre spitzen Eckzähne blitzten aus ihrem Gesicht heraus, weil sie den Mund angespannt verzog. Ich dachte an ein aggressives Kaninchen.

„In der Wahl deiner Unterrichtsmethoden bist du noch recht eingeschränkt", stellte Andrea sachlich fest. „Da würden wir gerne mit dir..."

„Ich kenne genug Methoden!"

Es herrschte die Stille, die entsteht, wenn man in einem Gespräch feststellt, zum Gegenüber nicht durchzudringen.

„In Ordnung. Ist ok. Das Blatt mit einer Auswahl an Methoden für den Unterricht liegt ja ohnehin schon auf dem Boden." Andrea legte ihre Hand auf meinen Unterarm, um mich zu stoppen und übernahm.

„Beim Class-Room-Management sehen wir auch noch Entwicklungspotenzial. Wie schätzt du dich denn selber ein?"

„In welcher Hinsicht?" Konnte sie mit dem Fachbegriff überhaupt etwas anfangen?

„In der Hinsicht, dass du angemessen auf Störungen und Fehlverhalten von Schülern reagierst und

Konfliktsituationen lösen kannst."

„Beispiel? Gibt es ein Beispiel?" Sie redete schnell und aufgebracht.

„Zum Beispiel kam Harun vorletzte Woche zu spät aus der Pause zu deinem Unterricht. Anstatt das Gespräch, das daraus entstand, im Anschluss an den Unterricht zu führen, hast du das mit ihm ausdiskutiert. Und als er dann am Ende sagte, dass du seine Lieblingslehrerin seist, hast du gesagt, dass du ihn in dem Fall selbstverständlich nicht mit seiner Verspätung notieren würdest.

„Ja und? Ich darf also nicht die Lieblingslehrerin von Schülern sein? Das dürft nur ihr?"

Ich hob das Blatt mit dem Aufdruck „Binnendifferenzierung" vom Boden auf und legte es so auf den Tisch, dass sie es noch einmal lesen konnte.

„In deinem letzten Unterrichtsentwurf fehlte die Lerngruppenanalyse. Weißt du überhaupt, wen du unterrichtest und was zu beachten ist?" Ich tippte auf das Blatt.

„Ich mache guten Unterricht. Genau wie Schüler ihn haben wollen."

„Das ist ja erstens keine Maßeinheit und zweitens, woher weißt du das?"

„Harun hat mir nach der letzten Stunde gesagt, wie toll er es mit mir fand."

„Könnte es vielleicht sein, dass Harun dir das nur sagt, um seine Note aufzubessern, da er im Unterricht sonst nicht viel sagt?"

„Das glaube ich nicht."

„In der 8B sitzen zwei Inklusions-Kinder, Valentina hat einen Nachteilsausgleich wegen LRS und Taner ist erst seit einem halben Jahr in Deutschland und kommt aus der Internationalen Klasse. Wie gehst du in deiner Unterrichtsvorbereitung auf die Bedürfnisse dieser

Kinder ein?", fragte Andrea.

Sie zögerte. „Angemessen!", sagte sie dann entschieden und verschränkte die Arme.

„Ich habe noch einmal eine ganz andere Frage: An welcher Schule hast du in Bayern die ersten neun Monate deiner Ausbildung absolviert?" Dieser Frage war sie bisher immer ausgewichen, obwohl sie sich aufdrängte, da sie mitten im Referendariat das Bundesland gewechselt hatte. Angeblich um zu ihrem Freund zu ziehen.

„Wieso?" versuchte sie Zeit zu gewinnen.

„Weil ich mich mit den Kollegen dort gerne mal austauschen würde."

„Das darfst du nicht. Ich bin nicht einverstanden. Ich verbiete das." Ich hatte einen offensichtlich wunden Punkt angesprochen.

„Du sagst mir also nicht, an welcher Schule du vorher in Ausbildung warst?"

„Da hat man mich in Ruhe gelassen. Am zweiten Tag hat man mir Bücher, einen Stundenplan und einen Schlüssel gegeben und mich dann machen lassen. Lasst mich doch auch einfach machen."

Sie saß vor uns wie ein Kind, dem man damit drohte, das Lieblingsspielzeug wegzunehmen.

„Die Ausbildung an der Schule ist geprägt durch einen Angebotscharakter. Wir haben dir in der Vergangenheit und auch jetzt noch einmal verschiedene Angebote gemacht, wie du die Defizite, die du aus unserer Sicht noch hast, mit unserer Unterstützung aufarbeiten kannst." Andrea blieb professionell kühl. „Wir halten fest, dass du unsere Angebote nicht annehmen möchtest, werden das entsprechend dokumentieren und stehen dir zur Unterstützung jederzeit zur Verfügung."

„Ich fühle mich wie ein Ei, das alle Hühner ausbrüten wollen. Ich schaffe das alleine. Ohne euch." Sie wartete ab, ob von uns noch etwas käme, aber wir schauten sie nur weiter an.

„Kann ich dann jetzt gehen?"

Sie schaffte es tatsächlich. In Geschichte blieb sie auch in ihrer Abschlussprüfung schlecht, weil sie unter anderem auf die Nachfrage einer Schülerin, was denn diese Generalstände 1789 gewesen seien, ausschweifend von Fraktionen im Bundestag berichtete und als Beispiel die PDS nannte, die aber noch vor der Geburt der anwesenden Schülergruppe 2005 nicht mehr im Deutschen Bundestag unter diesem Namen vertreten war. Die Schüler hatten anschließend noch mehr Fragen und die Bewertungskommission noch mehr Klarheit.

Da sie aber mit ihrem zweiten Fach ausgleichen konnte, ließ man sie letztendlich mit der schlechtesten Note zum Bestehen durchkommen: 4,0.

Sie selber sagte uns die Note nicht, sondern rauschte an der Schulleiterin Frau Hübner-Haberkorn, Andrea und mir, die im Sekretariat mit einer Flasche Sekt gewartet hatten, vorbei und sagte nur: „Bestanden!"

Die Fachseminarleiterin meinte noch, während sie sich ihren Mantel anzog, dass die Frau Schultheiß ja so lange studiert habe und es ihr durch den Bundeslandwechsel mitten im Referendariat sicher nicht leicht gemacht worden sei. Außerdem brauche man einfach Lehrkräfte.

Noch am Nachmittag des Prüfungstages meldete sich Frau Schultheiß per Email krank und erschien erst wieder zum Eisessen am Schuljahresende. Andrea und ich redeten nicht mit ihr. Wir ließen sie einfach in Ruhe.

17

Hannes

Der Vater schüttete Kaffee in meine Tasse, obwohl ich keinen Kaffee trank. Heißer Dampf stieg aus den Tassen auf dem Tisch nach oben. Der Smalltalk war mit dem erneuten Hinsetzen des Vaters endgültig beendet. Jetzt musste es losgehen.

An dem massiven, großen Holztisch saßen Hannes' Vater, seine Mutter, seine beiden Großeltern, ein Mitarbeiter des Jugendamtes, eine Erziehungshelferin, unsere Schulsozialarbeiterin und ich.

Während ich überlegte, ob es an mir war, die Initiative zu ergreifen, nachdem wir uns alle vorgestellt und Kaffee erhalten hatten, schaute ich mich um.

Das freistehende Haus, in dem unser Treffen stattfand, bildete den Mittelpunkt einer grünen Rasenlandschaft mit eigener Kiesauffahrt zur Doppelgarage. Vor ihr, das hatte ich beim Reinkommen gesehen, stand eine neue Mercedes G-Klasse. Dass der Marmorboden beheizt war, spürte ich selbst durch die Ledersohlen meiner Schuhe.

Im Wohnzimmer hing ein übertrieben großer Flachbildfernseher neben dem Kamin, eingerahmt von einer ledernen Sitzlandschaft, auf der eine Fußballmannschaft hätte Platz finden können. Das Kaffeeservice war handbemalt mit einer Goldkante an den Rändern. Ein Stuhl war frei geblieben, obwohl auch hier eingedeckt war.

„Kommt Hannes denn jetzt?", fragte ich und nippte an meinem Kaffee.

„Ich probiere es mal, wenn Sie wollen", sagte der Vater und stand auf. Auf Socken schlich er die großzügige Marmortreppe in den ersten Stock hoch.

„Der Junge muss ja in die Schule", unterbrach die Oma

das Schweigen. „Es geht ja so nicht. Der muss ja was lernen." Sie machte eine Pause. „Jeden Tag sage ich das meinem Sohn."

Aus dem ersten Stock war ein zaghaftes Klopfen zu hören, gefolgt von einem gehauchten „Hannes?" Erst klickte etwas. Dann krachte etwas. „Verpiss dich!"

Der Vater kam lautlos die Treppe wieder herunter und zuckte für uns mit den Achseln. „Tja, das wird heute dann wohl nichts mit dem Hannes. Der hat sich eingeschlossen und dann die Playstation gegen die Wand geknallt.

„Hannes! Komm jetzt runter! Die Leute sind doch alle wegen dir da." Die Ansage der Großmutter wurde aus dem Kinderzimmer wieder mit dem Wurf von irgendetwas gegen die Wand quittiert.

„Vielleicht müssten Sie das noch mal mit etwas mehr Nachdruck versuchen", schlug die Frau vom Jugendamt nachdrücklich vor.

„Ich kriege ihn ja morgens nach meiner Nachtschicht auch schon nicht aus dem Bett. Und irgendwann muss ich auch mal schlafen." Der Vater öffnete entschuldigend seine leeren Hände und kniff die Augen zusammen.

Wir führten das Gespräch ohne Hannes. Es wurde eine Erziehungshilfe ein mal in der Woche vereinbart, ich sollte ihm als Klassenlehrer einen freundlichen Brief schreiben und ihn so nochmal motivieren zur Schule zu kommen. Die geschiedenen Eltern sollten einmal in der Woche mit dem Case-Manager des Jugendamtes telefonieren und den aktuellen Stand mitteilen.

Am Ende teilte ich den Eltern noch mit, dass rein formal auch eine Zwangsvorführung durch das Ordnungsamt und die Verhängung von Bußgeldern drohten, wenn Hannes weiterhin nicht zur Schule käme. Sie nickten. „Das ist ja klar, dass Sie das machen müssen. Ganz klar", räumte der Vater ein.

Hannes hatte nur die erste Schulwoche nach den Sommerferien im Unterricht gesessen, aber sich da schon wenig motiviert gezeigt. Ab der zweiten Woche hatte er konsequent gefehlt. Zunächst mit Entschuldigung der Eltern, ab der dritten Woche dann ohne.

Ich hatte als Hannes` neuer Klassenlehrer zunächst mit dem Vater telefoniert und wir hatten den Hausbesuch mit allen beteiligten Stellen ausgemacht, nachdem er eingeräumt hatte, dass sein Einfluss auf seinen Sohn begrenzt sei und er sich auch nicht mehr zu helfen wisse.

Hannes hatte über seinen Vater ausrichten lassen, dass ihm unsere Schule zu groß sei. Und zu laut. Als er noch bei der Mutter in einer anderen Stadt gelebt habe, sei alles besser gewesen.

Statt seinem Sohn Grenzen und Konsequenzen aufzuzeigen, war der Vater so glücklich über das vor Gericht erstrittene Sorgerecht, dass er seine Erziehungs-aufgaben zugunsten eines Verwöhnprogramms vernach-lässigte. Hannes bekam alles was er wollte, inklusive seiner Ruhe, während alle anderen in seinem Alter in die Schule mussten.

Ein Jahr später beendete das Jugendamt die Erziehungshilfe, nachdem der Mitarbeiter des freien Bildungsträgers 38 Mal vergeblich versucht hatte, Hannes persönlich zu sprechen. In jeder Schulwoche hatte ich mittwochs nachmittags eine SMS von Herrn Peters mit der Nachricht erhalten, dass Hannes sich bei seiner Ankunft in seinem Zimmer eingeschlossen und eine Stunde lang geschwiegen habe.

Beim Jugendamt sah man dringendere Fälle für die Erziehungshilfe.

Auch die Mitarbeiter des Ordnungsamts, die Hannes zwei Mal versucht hatten morgens zur Schule zu bringen, hatten keinen Erfolg. Er brüllte durch die verschlossene Zimmertür, dass er krank sei, woraufhin sie wieder abgezogen waren.

Nachdem ich den Vater dazu bewegt hatte, mit Hannes in die Psychiatrische Klinik für Kinder und Jugendliche zu fahren und ihn dort untersuchen zu lassen, wurde der Schule eine Bescheinigung per Post zugestellt, mit der er für fünf Monate für schulunfähig erklärt wurde. Ich freute mich tatsächlich, dass ich den richtigen Anstoß gegeben hatte und Hannes nun mit einer Diagnose gegen seine Schulangst mit professioneller Hilfe vorgehen konnte.

Aber mein Anruf in der Klinik brachte Ernüchterung. Ich hatte eigentlich nur abfragen wollen, inwieweit eine Versorgung mit Unterrichtsmaterial während der Therapie erforderlich oder gewünscht sei.

Ohne die ärztliche Schweigepflicht zu brechen, klärte mich die Schwester am Telefon auf, dass die Bescheinigung über die Schulunfähigkeit zwar von ihnen ausgestellt worden sei, eine Diagnose aber noch gar nicht vorliegen könne. Der Termin zum Erstgespräch sei erst in fünf Monaten und da eine tatsächliche Erkrankung nicht ausgeschlossen werden könne, würde man die Patienten für den Wartezeitraum stets krank schreiben. Das sei gängige Praxis.

Es blieb das einzige ärztliche Dokument, das wir zu Hannes jemals erhalten sollten.

Ich sah ihn zu Beginn seines zweiten Schuljahres bei uns noch einmal. Direkt am ersten Schultag stand er, eine Stunde zu spät, mit seiner Mutter vor meinem Klassenraum. Ich teilte den beiden mit, das Hannes nicht in die nächste Klasse versetzt worden war und brachte ihn in seine neue Klasse.

Ich wünschte ihm viel Glück und flüsterte der Kollegin zu, dass ich ihr später mehr über ihren neuen Schüler sagen könne.

Er erhielt versehentlich an diesem Vormittag alle Bücher seiner Jahrgangsstufe ein zweites Mal und kam in diesem Schuljahr nie wieder.

Noch ein weiteres Schuljahr dauerte es, bis wir ihn ohne Abschluss entlassen konnten, weil er seine Vollzeitschulpflicht nach 10 Jahren endlich erfüllt hatte.

Insgesamt hatte der Vater in drei Jahren über 2.000 Euro Bußgeld stets pünktlich bezahlt.

Seine sechs Zeugnisse, die sich nur in Datum, Schuljahr und Klassenleitung unterschieden, hatte jedoch nie jemand abgeholt.

18.

Kai

Am letzten Abend der Klassenfahrt ging Kai im Speisesaal am Tisch der Lehrer vorbei, als wäre es normal ein Papiertaschentuch mit Klebeband vor dem rechten Auge befestigt zu haben.

Ich stoppte ihn verbal und hakte nach.

Er winkte lässig ab: „Das habe ich ganz oft. So eine beginnende Bindehautentzündung. Ich habe dafür auch so Tropfen."

„Sicher?"

„Ja ja. Kein Problem."

Er wollte schon weiter gehen, aber ich stand auf und signalisierte so, dass er so leicht nicht davon kommen würde.

„Aber so bleibt das nicht. Wenn, dann kriegst du einen richtigen Verband. Und ich will, dass du deine Mutter anrufst und sie informierst."

Genervt ließ er sich das Klebeband vom Kopf entfernen und einen richtigen Verband aus dem Erste-Hilfe-Koffer anlegen. Anschließend überwachte ich, dass er tatsächlich seine Mutter anrief. Er beschrieb abgeklärt, dass sein Auge juckte und er jetzt einen Verband bekommen habe. Von Augentropfen war nicht die Rede.

Ich saß erst kurz wieder am Tisch, als mein Handy vibrierte. Eine deutsche Handynummer, die ich nicht eingespeichert hatte. Kais Mutter.

„Warum verweigern Sie meinem Sohn eine adäquate, medizinische Versorgung bei einem Arzt?", eröffnete sie gereizt das Gespräch.

Ich erklärte ihr die Situation und sicherte ihr zu, mich sofort mit Kai auf den Weg zu einem Arzt zu machen.

„Und rufen Sie mich an, wenn sie eine Diagnose haben. Egal um wie viel Uhr", schärfte sie mir abschließend ein.

Ich besprach mich mit meiner Kollegin über den weiteren Verlauf des Abends, googelte das nächstgelegene Krankenhaus und bestellte per App ein Taxi. Das ersparte mir eine mühselige Konversation mit dem Taxifahrer auf sehr schlechtem Italienisch oder schlechtem Englisch.

Kai zeigte sich genervt. „Wieso das denn? Boah!"

Ich gab zurück, dass ich kein Arzt sei und wir deshalb auf Wunsch seiner Mutter auf Nummer sicher gehen müssten. Ich hatte aber mindestens ebenso wenig Lust jetzt meinen Abend mit Kai in einem italienischen Krankenhaus zu verbringen.

Der Taxifahrer sagte zu meiner Beruhigung kein Wort, sondern fuhr überraschend umsichtig durch das hektische Rom.

Auch Kai und ich wechselten nur wenige Worte miteinander. Ich übersetzte mit dem Handy schon einmal Bindehautentzündung auf Englisch: „Madras Eye".

Das gelb angestrichene Gebäude mit dem großen Roten Kreuz auf der Fassadenmitte war schätzungsweise in den 60er Jahren gebaut und im Laufe der Jahrzehnte immer wieder erweitert worden. Im großzügigen und funktionalen Eingangsbereich konnte ich auf den italienischen Hinweisschildern trotz Piktogrammen nichts entziffern und fragte mich durch, bis wir in einem großen Raum hinter einer milchverglasten, breiten Tür landeten, in dem etwa 30 Menschen saßen. Sie hielten sich teilweise ihre Arme, andere wippten bleich auf ihren Stühlen vor und zurück. Zwei schliefen.

Es dauerte, bis ich der Schwester hinter dem Tresen auf Englisch erklärt hatte, wer ich war, was ich wollte und was Kai wahrscheinlich hatte.

Er gab seine Versichertenkarte ab und wir erhielten die

unmissverständliche Aufforderung, uns hinzusetzen, bis wir aufgerufen würden.

Weil es so voll war, konnten wir nicht nebeneinander sitzen, sondern trennten uns.

Keine der ausliegenden Zeitschriften war auf Englisch oder gar Deutsch. Die Benutzung von Handys war mehrfach per Hinweisschild verboten und auf dem alten Röhrenfernseher, der in einer Ecke an der Wand hing, lief nun schon zum dritten Mal das gleiche Video von Mr. Bean ab. Ohne Ton.

Zwei Mal informierte ich Sandra, meine Kollegin im Hostel, dass es noch länger dauern würde.

Es dauerte fast drei Stunden, bis eine andere Schwester kam und mir mit wenigen Worten klar machte, dass Kai mit seinen 15 Jahren noch ein Kind sei und wir deswegen in die Kinderklinik fahren müssten.

Auf eine Diskussion oder gar Kritik, dass ich auf diese Information ungern drei Stunden hatte warten wollen, ließ sich die Bekittelte nicht ein, sondern deutete mit ihrem gesamten rechten Arm, nachdem sie mir die Versichertenkarte zurück gegeben hatte, auf den Ausgang. Ciao.

Der nächste Taxifahrer zeigte wenig Respekt vor der Tatsache, dass weder Kai noch ich Italienisch in seiner Sprechgeschwindigkeit verstanden und redete ununterbrochen, während er uns über breite Straßen auf die Ostseite der Stadt fuhr. Ich war froh online bezahlen zu können, weil ich so viel Bargeld, wie er am Ende der Fahrt von mir verlangte, überhaupt nicht mehr bei mir hatte.

In der Kinderklinik konnte ich aufgrund meiner Übung schon deutlich schneller erklären, worum es ging und wir wurden in ein verlassenes Wartezimmer gesetzt. Außer den beiden Schwestern am Empfang hatten wir niemanden gesehen.

Immerhin. Das sollte hier jetzt deutlich schneller gehen. Mittlerweile waren wir seit über vier Stunden unterwegs und es war fast Mitternacht.

Meine Assoziation, dass ein leeres Wartezimmer auch mit einer zügigen Behandlung gleichzusetzen sei, bestätigte sich nicht. Die Minuten zogen sich in Ermangelung jeglicher Ablenkung im Wartezimmer noch zäher hin, als im Krankenhaus zuvor. Ich zählte die Linoleumplatten auf dem Boden. Zwischen Kai und mir war alles gesagt. Wir lebten nebeneinander und schwiegen.

Kurz nach 1 Uhr betrat eine der Schwestern das Wartezimmer. Sie gab mir Kais Versichertenkarte zurück und forderte von mir, dass ich ein Formular auf Italienisch unterzeichnen solle.

Ich fragte vier Mal auf Englisch nach, was ich da bestätigen solle. Ohne Erfolg. Sie deutete mit ihrem Zeigefinger immer nur auf die schmale Linie am Ende des Vordrucks und redete undeutbar auf mich ein. Ich unterschrieb mit einer geschwungenen Welle. Sie zog wieder ab.

Es war weit nach 2 Uhr als auf dem Parkplatz ein Automotor abgestellt wurde und wenig später eine völlig übernächtigte, übergewichtige Frau die Empfangshalle betrat. Da die beiden Schwestern sofort zu ihr eilten und sie sehr freundlich begrüßten, wurde mir schnell klar, dass es sich offensichtlich um die Ärztin mit Bereitschaft handeln musste, die man für Kai extra herbeigerufen hatte. Sie verschwand genervt in einem Behandlungs-raum und schloss die Türe hinter sich.

Es dauerte weitere 15 Minuten, bis sie, nun mit einem weißen Kittel und einem Klemmbrett in der Hand, erneut im Türrahmen erschien und mir, der die Türe die ganze Zeit nicht aus den Augen gelassen hatte, nur zunickte. Endlich.

Wir betraten den kleinen Raum, der vor allem von einer Liege mit grünen Kunstlederauflagen geprägt war. Die Ärztin nickte mir erneut zu und deutete mit der Hand auf die Liege. Während Kai sich auf den Liegenrand setzte, nahm die Ärztin auf einem kleinen Rollhocker Platz und ließ uns warten. Sie fuhr zwischen einem Edelstahlwagen mit Instrumenten und einem kleinen Schreibtisch mit PC und eingeschaltetem Monitor mehrfach ohne nachvollziehbaren Sinn hin und her.

„What is the problem?", fragte sie und schaute aus müden Augen zu mir herauf.

„Kai is a pupil of my class. We are from Germany. I..."

„What is the problem?", unterbrach sie und fragte nun Kai direkt.

Der schaute mich an. Er musste Englisch jetzt mindestens seit sechs Jahren im Unterricht gehabt haben, brachte aber nichts zustande.

„Madras Eye", fasste ich zusammen.

Die Ärztin zog sich Gummihandschuhe über und entfernte gekonnt, aber etwas ruppig den von mir vor Stunden improvisierten Verband, der das Taschentuch mit Klebeband ersetzt hatte.

Als sie ihm drei Mal ins Auge geleuchtet und Kai über meine Übersetzung angewiesen hatte, mit den Augen ihrem Zeigefinger zu folgen, schaute sie mich gereizt an.

„There is no problem. Nothing!"

„I was told to bring him to the hospital by his mother", versuchte ich mich zu rechtfertigen.

„Ok", quittierte sie, wandte sich ab und tippte etwas in die Tastatur ihres Computers. Dann bat sie erneut um die Versichertenkarte, steckte sie in ein Auslesegerät auf dem Schreibtisch, tippte wieder wortlos und gab die Karte zurück.

Nun folgte eine Untersuchung, deren Ausmaße ich bis dahin nur bei meiner Musterung zur Bundeswehr erlebt hatte.

Kai wurde zunächst vermessen und gewogen. Dann folgten nach entsprechenden Anweisungen ein Hörtest, ein Sehtest und ein Belastungs-EKG auf einem Ergometer durch die Schwestern. Anschließend sollte Kai Urin in einen Becher pinkeln, ihn einer Schwester übergeben und sofort zurück ins Behandlungszimmer kommen. Dort wurde sein Puls gemessen, seine Gelenke an Armen und Beinen manuell überprüft, seine Organe abgetastet und sein Bauch mit dem Stethoskop abgehört. Es folgten verschiedene Reaktionstest, beispielsweise mit geschlossenen Augen auf einem Bein stehend die eigene Nasenspitze mit dem Zeigefinger berühren.

Ich übersetzte so gut ich konnte, bloß um nichts zu einer weiteren Verlängerung unseres Aufenthalts hier beizutragen.

Kai fragte nichts. Ich fragte auch nicht, was das alles sollte und ob es notwendig war.

Um halb vier studierte die Ärztin mit dem Rücken zu uns an ihrem Schreibtisch die ausgedruckten Testergebnisse. Wortlos.

Als sie sich umdrehte, hatte ich ernsthafte Hoffnung, nun entlassen zu werden.

„Now I will check, whether there is a hernia."

Ich bat um Wiederholung.

„A hernia."

Ich verstand es nicht. Das Wort hatte ich noch nie gehört.

„H-E-R-N-I-A!"

Auch das Buchstabieren half nicht. Ich zückte mein Handy, um zu übersetzen. Sie rollte mit den Augen.

„Na gut, dann halt weiter auf Deutsch. Ich teste, ob du

einen Leistenbruch hast."

Sie konnte Deutsch. Seit anderthalb Stunden brach ich mir hier einen auf Englisch ab und sie konnte Deutsch?! Ich war verblüfft und sauer zugleich.

Kai saß oberkörperfrei in Jeans und Socken auf der Liege. Ich hatte ihn schon auf der ersten Taxifahrt gefragt, ob er die Untersuchungen alleine hinbekäme oder er mich dabei haben wolle. Aus einem „mal sehen" hatte er dann vor Ort aber schnell ein „bleiben Sie ruhig hier" gemacht.

„Zieh dich bitte aus", sagte sie und zupfte erneut Einweghandschuhe aus dem Papphalter.

Kai stand auf und zog seine Hose aus. Er zog das Falten der Hose in die Länge, stellte sich dann aber schließlich doch gerade in Boxershorts vor die Ärztin.

„Ich gehe so lange raus, Kai. Bis gleich", sagte ich.

„Wieso? Was passiert denn jetzt?", fragte er mich.

Sie übernahm die Antwort: „Ich sagte ausziehen. Nur dann kann ich dich untersuchen."

„Das ist ein Griff in dein Becken. Also, dazu musst du die Boxer auch ausziehen. Wie gesagt, tut nicht weh und ich bin gleich wieder hier."

„Bitte nicht!" Kai schaute mich ehrlich erschrocken an.

„Ist das denn wirklich erforderlich?", fragte ich die Ärztin. Sie hatte sich offensichtlich dafür gerächt, dass wir sie wegen nichts aus dem wohlverdienten Schlaf hatten klingeln lassen und jede abrechnungsfähige Untersuchung durchgeführt, die ihr in den Sinn gekommen war. Das musste doch reichen.

„Wenn Sie die Verantwortung übernehmen wollen." Sie zog die Schultern nach oben und ließ die Zeit für sich arbeiten. Das konnte ich nicht.

„Kai. Ich bin gleich wieder da. Das geht ganz schnell und dann sind wir auch fertig hier."

„Bitte bleiben Sie hier. Ich will nicht alleine mit ihr hier drin sein."

„Sicher? Das schaffst du doch alleine. Ich meine ich sehe dich sonst nackt.", ermutigte ich noch mal.

„Bitte!" Er packte meinen Unterarm.

Ich drehte mich um zur Wand und hörte, wie er den Stoff abstreifte.

„Kein Leistenbruch", hielt sie fest und zog sich die Handschuhe wieder ab. „Er hat nichts", zu mir. „Du bist völlig gesund", zu ihm

Kai zog sich wieder an. Obwohl ich mir vorgenommen hatte, nichts zu sagen, bedankte ich mich reflexartig bei der Ärztin.

Sie nickte nur und öffnete die Tür hinaus in die Empfangshalle.

Im Taxi zurück zum Hostel versuchte ich mehrfach Kais Mutter ans Telefon zu bekommen. Sie hatte mich die Nacht gekostet und ich wollte ihr zumindest einen kleinen Teil davon zurückgeben.

Kai schwieg, schüttelte den Kopf, als ich sie endlich aus dem Bett geholt hatte und sagte, dass ich das Handy nun an ihn weitergeben würde. Er hatte nur ein paar genervte Silben für sie übrig. „Ja. Nein. Ja. Ciao."

Als wir am Hostel vorfuhren, war er eingeschlafen.

19.
Sarah

Die Türe zum Klassenzimmer blieb nach der großen Pause offen. Sarah würde wie immer etwas länger brauchen, bis sie sich und ihre Schultasche in das dritte Stockwerk gebracht haben würde.

Sarah war 13 oder 14, besuchte meine Klasse mit dem besonderen künstlerisch-musischen Lernprofil, ohne dass ich bei ihr eine besondere Vorliebe für das eine oder das andere Fach hatte feststellen können und war im wahrsten Sinne sonderbar: Zu Ausflügen und Unterrichtsgängen kam sie grundsätzlich nicht mit und fehlte stattdessen. Sie beteiligte sich nur manchmal im Unterricht und schämte sich nicht, sich jedes Mal zu melden und frei heraus einzuräumen, wenn sie ihr Material vergessen hatte.

Sie schien in sich zu ruhen und stemmte eine bemerkenswerte Naivität gegen Angriffe auf ihre Person. Blieb sie im Sportunterricht beim Auswählen der Mannschaften als letzte übrig, nickte sie und stellte sich auf die Seite der Mannschaft, der noch eine weitere Spielerin zustand. Sie trug ausschließlich ausgebeulte Baumwolljogginghosen und meistens für ihren Bauchumfang zu knappe Shirts, auch im Winter. Manchmal gaben sie den Blick auf ihren Bauchansatz frei. Wenn sie jemand zu lange anschaute, fragte sie freundlich nach, ob etwas sei.

Ich hatte mehrfach bereits mit ihr über ihre Selbstwahrnehmung gesprochen und dabei die feste Überzeugung gewonnen, dass sie sich ihre Leichtgläubigkeit, gepaart mit einem unumstößlichen Optimismus, als Methode zum Selbstschutz angeeignet hatte. Sie hatte von einem Freundeskreis mit etwa 40 bis 50 Mitgliedern gesprochen, mit denen sie gerne

Fernsehen schaute oder in Pfützen schwimmen ging.

In der Klasse war sie akzeptiert, aber nur als Außenseiterin. Man ließ sie in Ruhe, ging aber auch nicht mehr im Positiven aktiv auf sie zu.

Wenige Minuten nachdem sie sich auf ihrem Platz eingerichtet hatte, zeigte sie auf.

Ich nahm sie sofort dran, weil ich hoffte, dass sie ihre Verspätung nun mit einem inhaltlichen Beitrag ausgleichen wollte.

„Ich habe Durchfall. Es kann sein, dass ich mehrmals auf Klo muss heute in der Stunde."

Einige kicherten, einer stöhnte und Marcelina und Fatma vor mir verdrehten die Augen.

„Wenn du Durchfall hast, solltest du nach Hause gehen und gesund werden", bot ich an.

„Nein, nein. Das geht schon. Meine Mutter meinte, ich soll nur immer Bescheid sagen, wenn ich auf Klo muss."

Die Atmosphäre hielt. Kein lauter Kommentar aus der Klasse.

Ich sagte ihr, wie sinnvoll der Ratschlag der Mutter, die ich noch nie in der Schule gesehen hatte, gewesen sei und widmete mich wieder der Tafel zu, als Sarah aufstand und aus dem Raum ging. Eine Nachfrage erübrigte sich, ich wusste ja im Prinzip, was sie vorhatte und auch um ihre Art. Aus ihrer Sicht hatte sie mir alles Notwendige mitgeteilt.

Sie ging noch vier Mal in meiner Doppelstunde zur Toilette. Meine nachdrückliche Bitte sich doch krank abzumelden hatte sie mit einem „warum?" abgewehrt.

Ich wartete auf sie, während alle anderen bereits den Klassenraum in Richtung Schulhof verlassen hatten. Es dauerte fast die gesamte Pause, bis ich endlich hinter ihr die Tür abschließen konnte. „Danke fürs Warten", sagte sie noch und zog ab.

Als sie am nächsten Tag das Klassenzimmer verspätet betrat, lachten einige laut und alle starrten sie an.

„Na, hast du immer noch Durchfall?", forderte Arne sie heraus.

So ein offener Angriff war wirklich außergewöhnlich und ich brauchte einen Augenblick, erfasste die Stimmung aber auch dann noch nicht vollkommen.

„Ich wüsste nicht, dass du jetzt bei uns für Durchfallpatienten verantwortlich bist." Ich schaute Sarah an und hoffte, dass sie es gelassen nehmen würde.

„Seit gestern schon", konterte Berke, der neben Arne saß und ihm auf die Schulter klopfte.

Sarah blieb stehen. Die ausgelatschten Sneaker quietschten auf dem Plastikboden. „Was ist denn?"

Sie hatte wie ich gespürt, dass etwas anders war als gestern. Aber genau das verstand ich nicht. Warum hatte die Klasse die Situation gestern ausgehalten und heute nicht mehr?

Ich offenbarte meine Ratlosigkeit. „Was ist denn heute mit euch los?"

„Nichts!" Arne bestätigte damit das Gegenteil. Die meisten lachten wieder.

Ich spielte das Fragezeichen in meinem Kopf herunter und beschloss mich erst in der Pause noch einmal darum zu kümmern.

Auch auf meine Nachfrage im Rausgehen nach der Stunde konnte sich Sarah nicht erklären, warum Arne sie noch einmal so explizit angesprochen hatte. Durch den Türrahmen auf den Flur gehend, begegnete sie Bianca, die wirkte, als habe sie etwas vergessen. Ich schaute deshalb nicht direkt zu ihr auf und notierte weiter in meinem Notenbuch bis ich die Tür ins Schloss fallen hörte. Noch bevor ich sie befragen konnte, setzte

sie an: „Sie haben doch eben gefragt was los sei. Also...
Ich zeige Ihnen was los ist."

Sie puhlte ihr Handy aus der Hosentasche, tippte ein paar mal auf dem Display und hielt mir dann ein Video hin.

Auf dem kleinen Bildschirm sah ich, wie mit verwackelter Handykamera von oben über die Trennwand einer Toilettenkabine in die benachbarte gefilmt wurde. Auf dem Toilettensitz dort saß ein Mädchen, das ich an ihrer Kleidung und der heruntergelassenen Baumwolljogginghose erkennen konnte: Sarah. Sie schaute nach vorne, so dass ihr Gesicht nicht zu erkennen war. Man hörte deutlich, wie sich ihr Darm allem Überflüssigem entledigte oder es versuchte, begleitet von mal erleichterndem, mal schmerzhaftem Stöhnen Sarahs.

Nach einer halben Minute brach das Video ab.

„Woher hast du das?"

„Das wurde gestern bei Youtube hochgeladen. Der Link dazu war dann in der Klassengruppe und von da aus ist es glaube ich auch an viele andere aus der Schule geschickt worden."

Noch bevor ich genau wusste, was ich Sarah sagen wollte, hatte ich mich bei Bianca bedankt, sie im Klassenraum stehen gelassen und war die Treppen hinunter auf den Schulhof gelaufen, um sie selbst über das Video zu informieren und ihr beizustehen. Aber sie war, nachdem Arne ihr das Video selbst präsentiert hatte, abgehauen.

Ich informierte die Mutter telefonisch und arbeitete in den folgenden Tagen und Wochen alle erforderlichen Maßnahmen ab. Schnell war ermittelt, dass sich Arne auf die Mädchentoilette geschlichen, dort das Video gedreht und anschließend verbreitet hatte. Youtube löschte das Video noch bevor jemand darum gebeten hatte, weil es gegen unternehmenseigene Grundsätze verstieß. Mit Unterstützung der Schulsozialarbeiterin und der Schulleitung arbeitete ich in der Klasse heraus, was genau vorgefallen und wie verletzend das für Sarah gewesen war. Und dennoch dauerte es Wochen, bis Sarah sich wieder in die Schule traute. Erst stundenweise, später für ganze Schultage.

Arne entschuldigte sich bei ihr und verhielt sich danach nicht nur neutral, sondern auch zuvorkommend. Mehrfach beobachtete ich, wie er oder auch Bianca Sarahs Schultasche vom Schulhof mit in die dritte Etage nahmen, um sie zu entlasten.

Nach etwa drei Monaten bat ich Sarah noch einmal um ein kurzes Gespräch in einer Freistunde. Sie wirkte auf mich gestärkt aus der Situation hervorgegangen, sogar etwas fröhlicher als zuvor.

„Viele sind netter zu mir geworden. Aber ich habe sowieso kaum Zeit für Freunde. Ich habe nämlich einen Freund."

Ich erinnerte mich an ihre Behauptungen, mit 40 Freunden regelmäßig in Pfützen schwimmen zu gehen, wollte ihre Aussage aber nicht grundsätzlich in Frage stellen, sondern interessiert nachfragen.

Sie beschrieb einen traumhaft gutaussehenden 15-Jährigen aus Berlin, mit dem sie täglich schreibe und den sie auf jeden Fall heiraten wolle.

Noch konnte ich es nicht so recht glauben, wobei sie unter traumhaft gutem Aussehen durchaus etwas anderes verstehen konnte als ich. Doch mit jeder weiteren Frage keimte in mir immer mehr Wut auf, wurde ich mir doch immer sicherer, dass sie jemand erneut zum Opfer gemacht hatte.

Sie hatte nur ein einziges Bild von ihm. Bitten um

Telefonate oder Camchats hatte er stets mit dem Hinweis abgelehnt, dass er gemeinsam mit seinem Bruder in einem Zimmer lebe und Rücksicht auf ihn nehmen müsse. Endgültig sicher, dass ich auch mit Arne würde sprechen müssen, war ich mir, als sie mir den Tag des ersten Kontakts nannte: Der Tag der Veröffentlichung des Videos. Er hatte sie angeschrieben und in seiner ersten Nachricht schon klar gemacht, dass er Durchfall nicht so schlimm fände.

Arne schaute überall hin: Auf den Boden, aus dem Fenster, auf seine Finger, die er immer wieder nervös ineinander schob und wieder aufzog. Nur mir in die Augen schauen konnte er nicht, nachdem ich ohne Anlaufzeit zur Sache gekommen war.
Da war was, aber er rückte nicht mit der Sprache heraus.
„Ich merke doch, dass du was mit diesem Chatfreund zu tun hast. Du hast schon eine Konferenz wegen des Videos gehabt. Arne, raus mit der Sprache, sonst kann ich dir nicht helfen."
„Ich schwöre, dass ich....", wiederholte er.
„Arne. Du kennst mich. Ich helfe, wenn jemand in Schwierigkeiten ist. Das gilt auch für dich."
Er schaute mich zögernd an. Dann lief ihm eine Träne die Wange herunter und er schniefte.
„Ich bin Johnny. Also dieser Typ mit dem Sarah schreibt."
Damit hatte ich schon gerechnet, mit seiner Träne nicht. War das Selbstmitleid?
„Warum weinst du?"
„Also am ersten Tag wollte ich sie halt noch weiter verarschen. Aber sie ist dann voll darauf abgegangen. Und in der Schule haben wir ja darüber gesprochen, wie Sarah sich fühlt und sie hat mir, also Johnny, jeden Tag geschrieben, wie wichtig ich ihr sei und dass sie mich

lieben würde und so..."

Er hatte nicht gewusst, wie er aus der Nummer wieder rauskommen sollte, ohne weiteren Schaden anzurichten.

Ich glaubte ihm, weil er hier vor mir ehrlich betroffen schien, vor allem aber, weil nichts von dieser monatelangen, intimen Kommunikation zwischen Sarah und seinem Alias öffentlich geworden war.

Ich bat Arne um Bedenkzeit und dachte zwei Tage nach, ob Sarah die verletzende Wahrheit oder doch eine sanfte Lüge zustand. Immer wieder wog ich ab, wem welche Variante nutzte, wen was verletzen würde, was pädagogisch geboten wäre.

Ich nahm Arne das Versprechen ab, mit niemandem über seine monatelange Täuschung zu reden, bevor wir gemeinsam in sein Handy formulierten: „Sarah, mein Dad und ich ziehen in seine Heimat: New York. Ich starte in ein neues Leben und lasse alles Alte hinter mir. Das wünsche ich dir auch. Ich werde dich nie vergessen. Johnny!"

Arne drückte auf Senden und löschte Johnnys Profil. Nicht alles in der Nachricht war gelogen gewesen.

20

Frau Habicht

Das laute Johlen hinter der blauen Holztür zum Klassenraum der 10E zeigte mir klar an, dass die Unterrichtsstunde bereits beendet war und ich eintreten konnte.

Frau Habicht unterrichtete Deutsch in der 10E. Sie wurde im Kollegium als schwierig gemieden und nur von wenigen Schülern als Autorität akzeptiert. Aber weil sie meist gute Noten vergab, gab es kaum Beschwerden.

Sie, Anfang 50, blonde, schulterlange, glatte Haare, knallroter, Lippenstift, Faltenrock, Strickpulli und Kunstlederjacke, saß im Mittelgang des Raumes auf einem der Holzstühle und schaute mich irritiert an, als ich den Raum betreten wollte.

Um ihren Körper herum, vor allem um ihre Beine, war eine Rolle Toilettenpapier abgewickelt worden. Es wirkte wie eine Fesselung, war dafür aber viel zu locker. Um den Stuhl und im Schoßbereich ihres Rocks lagen bunt-transparente, erdbeergroße Kristalle aus Plastik, die üblicherweise in mattierten Vasen auf der Fensterbank zur Dekoration lagen.

Ich lachte und lehnte mich lässig in den Türrahmen. So moderne Unterrichtsmethoden hatte ich der Kollegin gar nicht zugetraut.

„Wollen Sie auch mal?", fragte Clemens und ließ zwei Kristalle auf dem Tisch in meine Richtung kullern.

„Was denn genau?", fragte ich.

„Na, Frau Habicht abwerfen. Punkte stehen an der Tafel."

Ich schaute an die Tafel, wo tatsächlich eine Liste mit Körperteilen und dahinter Zahlen aufgeschrieben worden waren: „Bein = 10, Bauch = 20, Brust = 40,

Kopf = 100".

Und weil ich es nicht für möglich hielt, dauerte es noch ein paar Sekunden, bis ich begriff, dass das hier gegen den Willen von Frau Habicht geschah.

Ich brüllte „Aufhören!" und kniete mich auf den Boden, um das Toilettenpapier an ihren Beinen abzureißen.

„Was ist denn nur passiert?", fragte ich sie, während ich ihr aufhalf.

„Ich wollte eigentlich die Hausaufgaben kontrollieren. Die hatte aber wieder mal niemand angefertigt und dann haben sie gesagt, sie hätten eine Überraschung für mich und ich solle mich einfach mal auf den Stuhl setzen und dann haben sie angefangen mich einzuwickeln und zu werfen. Ich weiß auch nicht..." Sie wirkte immer so desorientiert wie jetzt gerade auf mich. Warum hatte sie das mit sich machen lassen?

„Sind Sie verletzt?"

Sie verneinte und stakste durch die Plastikteile am Boden zum Waschbecken. Dort wusch sie sich aber nicht durchs Gesicht, wie ich vermutet hatte, sondern griff zum Besen und fing an, Papier und Kristalle zusammenzufegen.

Ich stand auf. „Lassen Sie das doch bitte die Verursacher machen. Das war ein Angriff auf Sie!"

„Lassen Sie mal. Ist schon in Ordnung", gab Frau Habicht zurück und zupfte sich, den Besenstiel an die Schulter gelehnt, ihren Rock und den Pullover noch einmal zurecht.

„Sind Sie sicher, dass Sie nicht zur Schulleitung damit gehen wollen?"

„Ja, von der Schulleitung hier halte ich nichts. Wie gesagt: Es ist alles in Ordnung."

Als sie die auf einem Kehrblech gesammelten Kristalle mit dem Toilettenpapier in den Mülleimer kippen wollte, rief Irina: „Sie wollen doch jetzt nicht etwa die

Deko wegwerfen. Die war teuer. Das dürfen Sie gar nicht."

Frau Habicht hielt inne und wollte gerade anfangen, die Kristalle vom Blech zu retten, als ich ihr den Stiel aus der Hand nahm und den gesamten Inhalt in den Abfalleimer gleiten ließ.

„Wenn es dir so wichtig ist, Irina, kannst du gerne heute in der 7. Stunde das Zeug wieder aus dem Müll holen", fauchte ich sie an.

Frau Habicht verabschiedete sich von mir und auch von der 10E, griff nach ihrer Ledertasche und ging, als wäre nie etwas gewesen.

In der nun folgenden Stunde erhielt ich ungeahnte und auch ungewollte Einblicke in die Unterrichtswelt der Frau Habicht.

Sie wurde von einigen bemitleidet, von den meisten belächelt und von wenigen konsequent gemobbt.

Ohne schlechtes Gewissen offenbarten mir die Schüler, dass das nicht das erste Spiel dieser Art mit Frau Habicht gewesen sei, man sie für eine bessere Note einfach nur belügen oder bedrohen müsse und sie jedes Fehlverhalten durchgehen ließe.

Mehrfach habe man sie bereits schon dazu gebracht, Filme ohne unterrichtlichen Zusammenhang anstelle von Unterricht zu schauen oder die Klasse früher zu entlassen.

„Ganz ehrlich", vertrat Jerome, „Sie würden das an unserer Stelle genau so machen."

Ich berichtete direkt im Anschluss an die Stunde der Schulleiterin Frau Hübner-Haberkorn von dem Vorfall und dem Klassengespräch. Die erweiterte meinen Blickwinkel dahingehend, dass sie ernsthafte Bedenken dahingehend hatte, dass die Aufsicht über die Schüler unter Frau Habicht grundsätzlich nicht mehr ausreichend gewährleistet sei. Sie versprach sich zu kümmern.

Kurz vor den Osterferien, wenige Wochen später, zog die 10E 15 Minuten vor Unterrichtsschluss durch den Flur in Richtung Empfangshalle und ließ durch ihr lautstarkes Verhalten, die Jacken und die offenen Handys keinen Zweifel daran, dass sie unbeaufsichtigt waren.
Nur weil meine Tür offen stand, hörte ich, wie sie der entrüsteten Frau Hübner-Haberkorn direkt in die Arme liefen.
„Was macht ihr hier? Habt ihr keinen Unterricht?" Frau Habicht hatte einmal mehr die Stunde zu früh beendet.

Die Schulsekretärin brachte ihr zwei Tage später ein Fax der oberen Schulaufsichtsbehörde in einem Umschlag in den Unterricht. Danach blieb ihr Platz im Lehrerzimmer leer.

21

Keine Ahnung

Der Richter verlas die Angaben zu meinen Personalien aus der Akte ohne aufzuschauen und belehrte mich über meine Verpflichtung die Wahrheit zu sagen und auch nichts wegzulassen.

Ich bejahte alles.

„Dann berichten Sie mal im Zusammenhang. Holen Sie ruhig aus", forderte er mich auf, lehnte sich zurück und zog die Lesebrille von den Augen.

Ich blickte noch einmal nach links auf die Anklagebank. Dort saß Jeremy neben seinem Verteidiger und hielt meinem Blick nicht stand. Er senkte den Kopf mit den kurz geschorenen Haaren und schob mit dem Kinn den Kragen seines weißen Hemdes weiter auseinander.

„Im März kam Jeremy in einer Pause zu mir und fragte mich um Rat, da er ungeschützten Geschlechtsverkehr mit einem Mädchen gehabt hatte und bei ihr nun die Regelblutung überfällig sei. Ich versuchte ihn damals zu beruhigen und schlug einen Besuch des Mädchens beim Frauenarzt vor. Das lehnte er im Hinblick auf die Kosten und die Eltern entschieden ab. Da halfen auch keine weiteren Erklärungen von mir. Dann riet ich ihm zu einem Schwangerschaftstest, der für wenige Euro in der Drogerie zu kaufen sei. Sie kauften dann wohl einen solchen Test und Jeremy berichtete mir in der darauf folgenden Woche aufgeregt, dass der Test positiv ausgefallen wäre. Er war völlig aufgelöst und sagte mehrfach, dass er mit dem Mädchen nichts mehr zu tun haben wollte und, dass es der größte Fehler seines Lebens gewesen wäre. Da das Mädchen, also die hier anwesende Patrizia, keine Schülerin unserer Schule ist, war es für mich etwas schwierig zu erfahren, wie sie denn wirklich zu einer Schwangerschaft und zu einem

Kind stand. In erster Linie ging es hier aber auch darum, meinem Schüler Jeremy als Vertrauenslehrer ein hilfreicher Ansprechpartner zu sein. Gemeinsam mit der Schulsozialarbeiterin organisierte ich dann einen runden Tisch mit Jeremy, seinen Eltern und Patrizia mit ihrer alleinerziehenden Mutter in der Schule. Ich war erstaunt, dass wirklich alle kamen und bereit waren, sich zu unterhalten. Jeremy hatte seinen Eltern im Vorfeld schon von der Schwangerschaft erzählt. Im Laufe des Gespräches verhärteten sich zunächst die Fronten. Jeremy und seine Eltern bestanden auf einer Abtreibung mit Hinweis auf das junge Alter ihres Sohnes und des schwierigen Verhältnisses, während Patrizia das Kind austragen wollte. Mein Eindruck war, dass dieser Wunsch vor allem von der Mutter ausging, die immer wieder das Reden für ihre Tochter übernahm. Sie hatten Untersuchungsberichte vom Frauenarzt dabei und waren fest entschlossen. Beide. Als dann meine Kollegin und ich sehr deutlich gemacht hatten, dass Patrizia nicht zu einer Abtreibung gezwungen werden könne, haben wir noch Eckpunkte für eine Sorgerechtsvereinbarung besprochen, die dann in einem weiteren Gespräch vertieft werden sollten. Wir sind dann nach etwa zwei Stunden auseinander gegangen und ich hatte das Gefühl, wirklich etwas erreicht zu haben. Jeremys Vater verabschiedete sich von mir mit einem sehr verbindlichen Handschlag und bedankte sich für das Gespräch."

„Ich muss kurz nachhaken. Was waren diese Eckpunkte, von denen Sie sprachen?", fragte der Richter.

„Ja, beispielsweise, dass das Kind bei Patrizia und ihrer Mutter aufwachsen würde. Dass Jeremy Kontakt zu dem Kind haben könne. Ja, das war es im Prinzip. Ach, und, dass sich beide schon einmal Gedanken über einen Namen machen könnten. Patrizia hatte gleich mehrere

Vorschläge. Als ich Jeremy nach seinen Ideen fragte, meinte er nur „Keine Ahnung!" Da weiß ich noch, dass ich dachte, er ist noch nicht so weit. Das hat mich aber nicht beunruhigt. Schließlich war das eine elementare Lebensveränderung, die da auf ihn zukam."

„Wurde über Finanzielles gesprochen?"

„Nein. Das war kein Thema."

„Fahren Sie bitte fort."

„Wir gingen auseinander. Die Stimmung war neutral bis positiv. Meine Kollegin und ich hatten das Gefühl, wirklich ein Stück weiter gekommen zu sein. Naja. Am späten Abend dann so gegen 23 Uhr rief mich Jeremy dann mit unterdrückter Nummer auf dem Handy an. Das weiß ich noch so genau, weil ich zögerte um diese Uhrzeit noch einen unerwarteten, anonymen Anruf entgegenzunehmen. Er wirkte aufgebracht, atmete schwer, aber war stabil. Da war kein Weinen oder Verzweiflung in der Stimme, sondern eher so eine Art Erleichterung nach einem schweren Arbeitstag. Er fragte mich, ob ich ihm einen guten Anwalt besorgen könnte. Er hätte Scheiße gebaut. Ich fragte ihn, was denn passiert wäre und ich werde nie vergessen, was er darauf dann antwortete: „Ich habe mit meinem Bruder das Kind weggemacht." Er beschrieb mir, dass er mit seinem Bruder auf Patrizia in der Nähe ihrer Wohnung gewartet und sie dann so lange in den Bauch getreten hatten, bis sie sich nicht mehr bewegte. Ich fragte sofort nach, ob sie noch lebte und Jeremy sagte, und auch das werde ich nie wieder vergessen: „Keine Ahnung. Was ist denn jetzt mit dem Anwalt?"

Ich habe dann aufgelegt und die Polizei informiert. Er hat noch mehrfach angerufen, aber ich bin nicht mehr dran gegangen."

22.
Kira

Ursprünglich war es um einen der begehrten Sitzplätze im hinteren Teil des Schulbusses gegangen, um den sie sich gestritten hatten. Kira hatte beherzt Letizias Schulranzen von der Sitzschale getreten und sich selber darauf gesetzt. Letizia wollte das, wenige Augenblicke später, nachdem sie sich von ihren Freundinnen an der Haltestelle verabschiedet hatte und ihren reservierten Platz hatte einnehmen wollen, nicht auf sich beruhen lassen und hatte laut und derbe ihr Recht auf Sitzen eingefordert.

Kira parierte die verbalen Angriffe mit einigen gezielten Beleidigungen und abschätzig gelangweilt rollenden Augen.

Als der Bus anfuhr und schon lange nur noch Stehplätze verfügbar waren, rächte sich Letizia mit ihrer Musikbox, die sie aus dem Rucksack kramte und mit einem Lied aus den Charts auf volle Lautstärke drehte.

Dabei stellte sie sich so, dass der portable Lautsprecher möglichst exakt auf Ohrenhöhe von Kira positioniert war.

Kira konterte wiederum mit ihrer Musikbox, die sie routiniert mit ihrem iPhone synchronisierte und so den Bus mit Gangsta-Rap beschallte.

Von den genervten beiden Durchsagen des Busfahrers hatten beide nichts mitbekommen. Die Musik war einfach zu laut.

Boris schaute genervt auf die Uhr. Dieser Busfahrer war keiner von denen, denen alles egal war. Er schaltete an der nächsten Haltestelle den Motor ab und telefonierte mit seinem Handy.

Schließlich versuchte er ein drittes Mal gegen das Musikduell per Mikrofon mit der Information anzukommen, dass er die Polizei gerufen habe, um den Bus von den beiden „asozialen Mädels" befreien zu lassen.

Letizia bemerkte zuerst, dass der Bus schon viel zu lange auf der gleichen Stelle stand und drehte die Lautstärke ihrer Box herunter. Kira tat es ihr gleich und pöbelte, ohne den Grund des Wartens auf sich zu beziehen, in Richtung des Fahrers: „Fahr mal weiter, du Spast! Denkst auch du bist cool mit deinem Scheiß-Bus hier."

Der Fahrer drehte sich auf seinem Sitz rechtsherum und schaute nach hinten: „Die Polizei ist schon gerufen. Jetzt kommt auch noch Beleidigung dazu."

„Was für Beleidigung?", schrie Kira zurück. „Drehst du jetzt total frei?"

Letizia sah den richtigen Zeitpunkt gekommen, um die Aufmerksamkeit Kiras wieder auf sich zu lenken.

„Boah nur wegen deiner Scheiße komme ich jetzt zu spät nach Hause."

„Fick dich, du Fotze!", brachte Kira und lächelte zufrieden.

Boris konnte in Letizias Gesicht sehen, dass sie mit so einer Beleidigung nicht gerechnet hatte. Sie war nicht schlagfertig genug, um cool zu reagieren und nicht souverän genug, um es zu ignorieren. Viele schauten zu ihr herüber. Sie fühlte sich gezwungen zu reagieren. Schließlich sammelte sie Speichel im Mund und rotzte Kira ins Haar.

Hektisch wie ungläubig griff sich Kira an den Kopf und in die Spucke, die an ihren Fingern kleben blieb.

Jetzt überlegte sie, wie sie die Erwartungen des Publikums angemessen würde bedienen können und stand auf, um auf Letizia loszugehen, als ein Streifenwagen vor dem Bus stehenblieb. Zwei Polizistinnen sorgten für klare Verhältnisse und getrennte Wege.

Am Nachmittag fuhr Kiras Vater mit seinem Mercedes vor dem Haus von Letizias Familie vor und klingelte Sturm. Obwohl Letizia, ihre Mutter und die kleine Schwester zu Hause waren, öffneten sie aus Angst nicht. Der muskulöse Mann, der trotz bedecktem Himmel mit Sonnenbrille ausgestattet war, knallte seine geballte Faust immer wieder gegen die Haustür und ließ auch verbal keine Zweifel daran, dass er gewillt war so lange zu bleiben, bis er die ganze feige Familie, die ihre Tochter verletzt hatte, zu Gesicht bekommen würde.
Es folgte ein zweiter Polizeieinsatz und am Abend eine Email von Letizias Vater an die Schulleitung, mit der Bitte Kira von der Schule zu verweisen und Letizia zu schützen.

Der dritte Polizeieinsatz fand erst am nächsten Tag statt. In der großen Pause hatten Jamie, der Freund von Kira und Patrick, der Freund von Letizia, zunächst eine verbale Fortsetzung des Konfliktes ihrer Freundinnen auf dem Schulhof angesetzt. Dabei hatte sich jedoch eine so große Zuschauermenge in einer Traube um sie herum versammelt, dass nicht nur die reguläre Pausenaufsicht versuchte, an den Kern heranzuschaufeln, sondern auch die komplette Schulleitung und auch ich, der die Versammlung aus dem Fenster beobachtete hatte, auf dem Weg waren und eine körperliche Auseinander-setzung verhindern konnten.
Jamie und Patrick erklärten anschließend unabhängig voneinander im Büro von Schulleiterin Frau Hübner-Haberkorn, dass sie Angriffe auf ihre Freundinnen als Angriffe auf sich selbst wahrnähmen und es insofern keine andere Möglichkeit gegeben habe, als das unter

Männern zu klären.

Trotz langer Gespräche am Rest des Vormittags ließ sich Jamie nur oberflächlich beeindrucken und bestellte bei einem Toilettengang per Handy zwei Bekannte, die Schüler einer anderen Schule waren. Sie sollten Patrick nach Schulschluss auflauern, ihn ins Krankenhaus prügeln und sich so gleichzeitig selbst, aber auch Jamie frei von Konsequenzen der Schule halten.

Im Park vor der Schule harrten die beiden bestellten Schläger über eine Stunde mit einem Schlagring und einem Quarzhandschuh bewaffnet aus und konnten dann am Ende Patrick doch nur eine milde Ohrfeige zufügen, bis sie selbst von anderen Schülern weggerissen wurden und schließlich abhauten.

Die Polizei erschien mit mehreren Streifenwagen und nahm eine Anzeige wegen Körperverletzung gegen unbekannt auf.

Jamie und Kira standen Hand in Hand an der Bushaltestelle und beobachteten die Szene. Ich erläuterte einer Polizeibeamtin die Zusammenhänge vom Vortag und deutete auf die beiden. Als sie Kira und Jamie fragte, was sie damit zu tun hätten, gab Kira zurück: „Nichts! Ich habe auch keine Zeit. Der Bus kommt jetzt."

23

Mara

*Im Klassenraum sitzen 15 Schülerinnen und Schüler an
15 Holztischen. Manche sitzen zusammen, andere
alleine. Wenige Tische sind völlig unbesetzt. Sie
unterhalten sich, essen teilweise noch an einem
Pausenbrot oder trinken aus einem Trinkpäckchen
Kakao. Acht Schüler fehlen noch, fünf von ihnen bereits
den ganzen Tag.*
*Es gongt ein zweites Mal. In der dritten Stunde steht
nun Deutsch auf dem Stundenplan. Herr Sieben, der
Deutschlehrer sitzt an seinem Pult und kontrolliert die
Anwesenheit im Klassenbuch.*

Herr Sieben: Nehmt bitte eure Deutschsachen raus.

*Es dauert Minuten, bis fast alle einen Hefter und einen
Stift vor sich auf dem Tisch liegen haben. Mara behält
den Kopf auf dem Tisch.*

Herr Sieben: Mara. Holst du deine Deutschsachen
                    bitte raus?

*Mara schiebt ihren Kopf ein wenig zur Seite, reagiert
aber ansonsten nicht.*

Herr Sieben: Ist alles in Ordnung?

Mara: (stöhnt) Kopfschmerzen.

Herr Sieben: Willst du Wasser haben?

*Die Tür öffnet sich. Herr Sieben schaut auf die
Wanduhr, die ihm gegenüber im Rücken der Schüler*

hängt. Die Stunde läuft offiziell seit sechs Minuten.
Devin, Yunus und Abdullah betreten, alle drei mit
schwarzen Jogginghosen, Turnschuhen und Baumwoll-
Sportpullovern gekleidet, die Haare kurz rasiert, den
Raum.

Herr Sieben: Wo kommt ihr jetzt her?

Devin: *(grinst)* Wir haben noch meine AirPods
gesucht.

Yunus und Abdullah grinsen auch. Sie setzen sich auf
ihre Plätze an verschiedenen Tischen im Raum.
Abdullah holt ein Brot und eine 1,5-Literflasche Cola
aus seiner Tasche und fängt an zu verzehren.

Herr Sieben: Wieso suchst du deine Kopfhörer? Die
darfst du überhaupt nicht draußen haben
in der Pause.

Devin grinst weiter.

Devin: Wir haben sie gerade erst gefunden.

Herr Sieben: Und du, Abdullah? Du hattest gerade
Pause,   hast sie verlängert und fängst jetzt an zu
essen?

Abdullah: *(mit vollem Mund)* Kann ich auf Klo?

Herr Sieben: Nein?! Sicher nicht!

Yunus: Sie müssen aber gehen lassen. Das ist
Gesetz!

Herr Sieben: große	Aber sicher nicht, wenn ihr gerade Pause hattet.
Abdullah:	Aber da ist es zu voll. Als wenn ich gehe, wenn so voll ist!
Herr Sieben:	Dann kann es nicht so dringend sein. Holt ihr bitte auch eure Deutschsachen raus.
Abdullah:	Sehen Sie? Wir haben noch gar nichts verpasst.

Herr Sieben schaut ihn streng an, lässt sich aber auf keine Diskussion ein. Yunus kramt in einer großen Mappe, Abdullah stopft sich weiter ein belegtes Brot in den Mund und spült jeden Bissen ausgiebig mit Cola.

Devin:	Wann fahren wir eigentlich in den Freizeitpark?
Herr Sieben: eine	Hast du das Gefühl, dass das gerade wichtige Frage ist?
Devin:	Ja.
Herr Sieben:	Ich nicht.
Abdullah: mit.	Ich habe meine Deutschsachen nicht *(Er überlegt.)* Oder doch. Warten Sie.

Er steht auf, läuft quer durch den Raum zu einem Regal, blättert in zwei Aktenordnern und geht ohne Hefter wieder an seinen Platz.

Herr Sieben: So. Jetzt ist wirklich Schluss. Ich will anfangen.

Devin: Können Sie doch.

Er dreht sich zu Abdullah und Yunus um, die schräg rechts hinter ihm sitzen. Alle drei grinsen. Abdullah muss laut lachen. Mara schaut in einen kleinen Schminkspiegel. Sie sitzt direkt am Fenster und hat ein paar Kosmetikartikel auf der Fensterbank aufgebaut. Sie dreht sich zu ihrer Freundin Fiona.

Mara: Hast du nochmal Lipgloss?

Devin: *(zu Yunus und Abdullah)* Kaltak onun güzel olduğunu düşünüyor.
dt.: Die Schlampe denkt, sie ist schön.

Yunus und Abdullah lachen laut.

Mara: Du verdammter Hurensohn.

Letizia: Was hat er gesagt?

Mara dreht sich zu Letizia.

Mara: Er hat gesagt ich sei eine verfickte Schlampe!

Devin: Stimmt gar nicht.
Herr Sieben: Was hast du denn gesagt?

Mara: Klar hast du das gesagt!

Yunus und Abdullah grinsen immer noch, flüstern

zeitweise und schauen zu den Mädchen rüber.

Fiona: Halt die Fresse, du Spasti!

Letizia: Ich schwöre, ich mache dich fertig.

Devin: Komm doch. Komm doch. Am!
dt.: Fotze!

Herr Sieben: *(steht auf)* Ganz ruhig. Fahrt wieder runter. Das ist absolut unangemessen. Wir klären das.

Mara weint und legt den Kopf wieder auf den Tisch. Fiona neben ihr streichelt ihr den Hinterkopf.

Mara: *(hysterisch)* Ich halte das nicht mehr aus. Immer gehen alle auf mich.

Herr Sieben: Ich verstehe, dass du das im Moment so empfindest, aber das ist doch nicht so.

Mara steht auf und geht zügig zur Tür.

Letizia: Das ist wieder typisch. Wir Mädels werden beleidigt und Sie tun nichts. Absolut nichts!

Herr Sieben: Ich möchte die Situation klären. Aber ich weiß ja nicht einmal, was gesagt worden ist.

Mara: *(kreischt)* Ich will raus aus dieser Klasse! Ich kann nicht mehr!

Sie öffnet die Tür und rennt schluchzend auf den Flur.

Martin: Können wir jetzt endlich mit Unterricht anfangen?

Herr Sieben: Letizia, gehst du bitte hinterher. Aber kommt in fünf Minuten wieder zurück.

Letizia steht auf und geht hinterher.

Mevlida: Kann ich auch mitgehen?

Herr Sieben: Nein. So jetzt zu dir. *(Er schaut Devin an.)* Was hast du gesagt?

Devin: *(wütend)* Nichts!

Fiona: Er lügt! Kann ich auch rausgehen?

Herr Sieben: *(zu Fiona)* Nein! *(zu Devin)* So eine Reaktion für nichts? Was hast du gesagt?

Devin: Nichts Schlimmes!

Herr Sieben: Das glaube ich nicht so richtig.

Devin: Egal. Müssen Sie nicht glauben.
Yunus: Haben Sie Beweise?

Herr Sieben: Ja, die ganze Klasse hat es mitbekommen. Und dass ihr kein Türkisch reden sollt, haben wir mindestens elf Mal in den letzten zwei Wochen besprochen.

Abdullah: Scheiß Nazi-Deutschland.

Herr Sieben: Das hat nichts mit Rassismus zu tun, Abdullah. Es geht darum, dass du dich auch angegriffen fühlen würdest, wenn ich mit der Schulleiterin vor dir stehen und ein einer Sprache reden würde, die du nicht verstehst.

Abdullah schaut auf die Tischplatte und tippt verstohlen mit dem ausgestreckten Zeigefinger auf ihr.

Herr Sieben: Devin. Was ist nun? Was hast du wirklich gesagt?

Devin: Dass sie nicht so schön ist.

Herr Sieben: Sonst nichts?

Fiona: Er lügt!

Martin: Ich möchte endlich Unterricht machen.

Herr Sieben: Gleich.

Herr Sieben schaut Devin eindringlich an.

Devin: Vielleicht noch was. Aber man wird doch wohl noch einen Spaß machen dürfen. Versteht die keinen Spaß?

Herr Sieben: Das sah für mich nicht nach Spaß aus. Wir sprechen darüber in der Pause weiter.

Mara und Letizia betreten wieder den Raum. Mara schluchzt immer noch. Letizia strahlt Selbstbewusstssein aus.

Letizia: *(zu Herrn Sieben)* Frau Hübner-Haberkorn weiß Bescheid. Wir wollen aus der Klasse raus. Keinen Bock mehr auf diese Idioten.

Herr Sieben: Wieso ward ihr bei der Schulleitung? Mara sollte sich beruhigen.

Mara: *(schreit)* Sie machen ja nie was. Habe ich Frau Hübner-Haberkorn auch gesagt.

Herr Sieben: Wenn du genau darüber nachdenkst, weißt du, dass das nicht richtig ist. Wir werden darüber in der Pause weiter sprechen. Jetzt machen erst mal ein bisschen Deutsch.

Mara: Ich habe eh keine Sachen dabei.

Martin: Kann ich auf Klo?

Yunus: Her zaman sadece çalışıyor.
dt.: Immer nur Arbeit.

24.

Herr Scheuer

Dass ein Vokabeltest anstehen könnte, hatte Boris nicht in Erwägung gezogen. Genau wie Tristan und die meisten anderen. Als Lukas nun laut in der Pause fragte, wer denn gelernt habe, löste das in Boris ein Gefühl zwischen Weltuntergang und völliger Gleichgültigkeit aus. Einerseits hatte er überhaupt keine Lust schon wieder eine schlechte Note zu kassieren, andererseits war es auch nur ein lächerlicher Vokabeltest.

Er schaute auf die Wanduhr. Für ein Blitzlernen war es jetzt, eine Minute vor Pausenende, schon zu spät. Auch für die sicherste aller Täuschungsmethoden hätte er deutlich mehr Vorbereitungszeit benötigt. In den meisten Klausuren nutzte er sie und war noch nie damit aufgeflogen: Er gestaltete kleine Spickzettel in Schriftgröße 3 auf einem Textfeld mit den Maßen 6,0 cm x 1,2 cm. Ausgedruckt schnitt er die Zettel auf eben diese Größe aus, malte sie komplett mit grünem, gelbem und orangefarbenem Textmarker aus und klebte sie mit Klebeband bündig und farblich einheitlich auf die Rückseiten der jeweiligen Textmarkerstifte. Markenstifte waren hierfür am besten geeignet, weil die Stiftfarbe exakt der Markierungsfarbe entsprach. Zur Perfektion der Methode gehörte es, die Stifte vor der Klausur mit der schmalen Seite gegen das Mäppchen und falls das verboten war, gegen die Trinkflasche oder das Butterbrot aufzustellen. Kam nun die Lehrkraft zur Kontrolle durch die Reihen, reichte ein unauffälliges wie beherztes Verschieben des Klausurbogens vom Körper weg, gegen die angelehnten Marker, so dass sie dann mit der breiten, unpräparierten Seite nach oben lagen und keinen Verdacht erregten. Kein Lehrer drehte die Textmarker um.

Lukas wedelte mit der ausgedruckten Vokabelliste. Boris zog ihm das Blatt aus Zeigefinger und Daumen, knibbelte einen einen Reißbrettnagel von der seitlichen Pinnwand und befestigte die Liste so rechts neben seinem Sitzplatz zwischen dem Ausbildungsangebot eines Chemiekonzerns und der Einladung zur nächsten Schülerratssitzung.

Er würde in diesem Test keinen Fehler machen.

25

Herr Reichardt mit Gästen

Der Knoten seiner karierten Krawatte hing bereits locker über dem offenen obersten Hemdknopf, als er im blauen Anzug zügig aufstand und ans Rednerpult des Deutschen Bundestag schritt.

Martin Reichardt, am 24. September 2017 in den Bundestag über die Landesliste Sachsen-Anhalt der AfD gewählt worden, sprach ab 9.18 Uhr an diesem Freitag im Februar als dritter Redner zum Tagesordnungspunkt 1, der Debatte zum Elterngeld Plus.

Nach Bundesfamilienministerin Dr. Katarina Barley und der CDU-Abgeordneten Nadine Schön führte er sichtlich erregt unter anderem aus, dass seine Fraktion das Elterngeld Plus grundsätzlich nicht ablehne, aber die Bundesregierung eine plan- wie ziellose Familienpolitik verfolge. Immer lauter prangerte er an, dass die Bundesregierung es nicht vermöge, die Erhaltung des Souveräns sicherzustellen. Erst mit der AfD sei ein neuer Geist in den Deutschen Bundestag eingezogen, ein Geist der Demokratie und der Achtung vor dem Deutschen Volk.

Ich saß auf der rechten Zuschauertribüne über der Fraktion der AfD mit 58 Schülerinnen und Schülern und verfolgte die Debatte bereits seit ihrem Beginn aufmerksam. Einige Schüler wurden aber erst jetzt richtig wach, streckten sich, um einen besseren Blick auf den lauten Redner im Plenarsaal erlangen zu können und schüttelten vereinzelt den Kopf, wenn sie über einen Begriff aus der Rede gestolpert waren. Hatten die beiden Rednerinnen der Regierungskoalition zuvor noch ruhig, sachlich und ohne Unterbrechungen vortragen können, war jetzt die Umgebungslautstärke deutlich angestiegen. Immer wieder erhob Reichardt die Stimme, um die Zwischenrufe aus den anderen Fraktionen übertönen zu können.

Arzu neben mir trug ein cremefarbenes Kopftuch, das farblich perfekt auf ihren Mantel und ihre schweren Winterschuhe abgestimmt war.

Sie neigte den Kopf zur Seite, kam mir näher und fragte mit leiser Stimme, da man vorher allen Besuchern mehrfach untersagt hatte auf der Besuchertribüne zu sprechen: „Die sind ganz schön rechtsradikal oder?"

Um hier nicht die Diskussion zu eröffnen, die im Anschluss an den Besuch im Plenarsaal erwünscht und vorgesehen war, entgegnete ich deutlich zu kurz mit: „Kann man so sagen."

Arzu begradigte ihre Sitzhaltung wieder und schien beruhigt.

Der Mann vor mir drehte sich zu mir um und schaute mich ernst an. „Von welcher Schule kommen Sie?"

Ich verweigerte die Antwort.

Mit uns auf der Tribüne hatte eine Gruppe Erwachsener Platz genommen. Frauen und Männer zwischen 40 und 70 Jahren. Reichardt hatte sie unmittelbar nach dem Bundestagspräsidenten Wolfgang Schäuble und den Damen und Herren im Plenarsaal als Gäste aus der Altmark „ganz besonders" begrüßt und dabei den Blick starr auf das Rednerpult gerichtet.

Anschließend hatte man sich vor und hinter uns auch ganz besonders über diese fast persönliche Begrüßung gefreut, was die Verbindung zwischen ihnen und Herrn Reichardt offensichtlich gemacht hatte.

Der Mann, auch im Anzug, Hemd mit Krawatte, wiederholte seine Aufforderung, ihm meine Dienststelle zu nennen, was ich wiederum verneinte.

Nun stand er auf, quetschte sich seitwärts durch seine Sitzreihe an die Treppe hinaus zum gläsernen Ausgang entlang und verließ, wie ich mit einem interessierten

Blick nach hinten festgestellt hatte, die Tribüne.

Draußen vor der schwarzen Glaswand sprach er mit zwei Bundespolizisten. Einer von ihnen schüttelte mehrfach den Kopf. Schließlich kehrte der Mann wieder zurück auf seinen Platz.

Kaum saß er wieder, drehte er sich erneut zu mir und raunte, dass er schon noch herausfinden werde, von welcher Schule ich komme.

Ich fragte zurück, was er denn wolle.

„Haben Sie schon einmal was vom Überwältigungsverbot gehört?", fauchte er mich an.

Selbstverständlich hatte ich das, wollte aber eine kluge Antwort abwägen.

In den 1976 hatten sich Fachdidaktiker und Politiker nach heftigen Auseinandersetzungen schließlich im Beutelsbacher Konsens unter anderem darauf verständigt, dass Lehrer ihren Schülerinnen und Schülern erwünschte Meinungen nicht aufzwingen, sondern kontroverse Standpunkte aufgezeigt werden sollen, um die Schülerinnen und Schüler in die Lage zu versetzen, ein eigenes Werturteil zu bilden.

Die Zeit oder meine Schlagfertigkeit reichte nur für ein: „Ich sehe das Überwältigungverbot nicht gebrochen" aus.

„Sie werden noch sehen."

Als wir um kurz vor 10 Uhr durch den Besucherdienst des Deutschen Bundestages aufgefordert wurden die Tribüne wieder zu verlassen, mischte sich der Mann unter die Schülerinnen und Schüler, die in unterschiedlichem Tempo aus den Sitzreihen traten und in Richtung Ausgang gingen.

Mehrfach blitzte er mit seinen gespielt freundlichen Nachfragen, wo wir denn herkämen, bei ihnen ab.

Erst als er bei Marcel ankam, hatte er Glück. Aus der

Entfernung erkannte ich, wie der Mann auf mich zeigte und Marcel offensichtlich bereitwillig Auskunft erteilte.
Schließlich klopfte der Mann Marcel anerkennend auf die Schulter und lächelte.

Marcel hatte ihm tatsächlich unsere Heimatstadt, die Schule und auch meinen Namen verraten.

Auf meine Nachfrage, warum er das jedem sagen würde, der ihn danach frage, entgegnete er: „Warum denn nicht?"

Die Fahrt war für mich gelaufen. Tagelang belastete mich der Gedanke, dass ich nun mit einer Dienstaufsichtsbeschwerde würde rechnen müssen. Auch die begleitenden Kolleginnen konnten mit ihren Beruhigungsversuchen kaum Erfolge verbuchen.

Ich sollte nie wieder etwas von dieser Sache hören.

26.

Matteo

Ich schritt durch die drei Stuhlreihen des Klassenraums der 6A, die ich erst seit wenigen Wochen unterrichtete. Heike hatte ihr zweites Kind bekommen und fiel somit für mehrere Monate aus.

Mit dem neuen Stundenplan war also auch eine neue Lerngruppe für mich dazu gekommen, aber immerhin handelte es sich nur um Förderunterricht Deutsch, der deutlich weniger Vorbereitungsaufwand bedeutete als regulärer Deutschunterricht.

Die Jungs aus der letzten Reihe hatten mich bereits zwei Mal mehrheitlich versucht zu betrügen, indem sie auf meine Nachfrage vom Lehrerpult aus angegeben hatten, die Hausaufgaben erledigt zu haben, dann aber bei meiner Kontrolle am eigenen Schreibtisch nur leere Seiten hatten vorweisen können.

So hatten sie also mein Vertrauen verspielt und kamen nun jede Stunde in den Genuss einer persönlichen Überprüfung der Hausaufgaben am Platz.

Matteo hatte jedoch für sich noch eine Steigerung der persönlichen Freiheit ausgemacht und legte mir eine halb handbeschriebene Seite in seinem Übungsheft vor.

„Ich habe alles gemacht", strahlte er.

Das war verdächtig, hatte er bisher doch noch nie seine Hausaufgaben erledigt.

Ich nahm das Heft auf und las mir den Text genauer durch.

Da standen einige Übungssätze zur Unterscheidung der Schreibweisen „das" oder „dass".

Das hatte die Klasse allerdings in der letzten Stunde erarbeitet. Zu Hause hätte er dann seine Kompetenz in Groß- und Kleinschreibung verfeinern sollen, worauf er aber offensichtlich keine Lust gehabt hatte.

Ich eröffnete ihm, dass dieser Text nichts mit seinen Hausaufgaben zu hätte.

Er wollte eine Diskussion beginnen, aber für mich stand fest, dass er zur Nacharbeit am Nachmittag bleiben müsse, um Versäumtes nachzuholen.

Nur mit Androhung seine Konsequenz auf zwei Nachmittage auszudehnen bewirkte die Unterdrückung seiner offensichtlichen Erregung.

Am Ende der Stunde verblieb er an meinem Schreibtisch, während die anderen den Raum nicht schnell genug verlassen konnten.

„Herr Sieben?", fragte er zögerlich. „Muss ich wirklich heute nacharbeiten? Ich schwöre ich mache es zu Hause. Versprochen."

Ich erklärte Matteo ruhig noch einmal, was ich von ihm für die heutige Stunde erwartet hatte und er sich nun unter meiner Aufsicht nur auf den gleichen Stand wie alle anderen bringen würde.

Noch während ich sprach löste sich die erste Träne aus seinen geöffneten Augen und glitt hinter der Brille die Wange hinunter.

„Warum weinst du?", fragte ich ihn.

Er schluchzte und zog in kurzen Schüben Luft ein.

„Setz dich ruhig nochmal. Matteo. Alles ist in Ordnung. Ein bisschen Nacharbeit ist jetzt keine Katastrophe."

Mit einer routinierten Armbewegung löste Matteo seinen schweren Schulranzen von den Schultern und ließ ihn auf den Tisch hinter sich knallen. Derartig erleichtert lehnte er sich mit dem Rücken gegen die Seite eines Tisches der ersten Reihe.

„Das... ist... es... nicht!" stammelte er.

„Was denn dann?"

„Das darf ich nicht sagen", legte er deutlich aufgeräumter nach.

„Warum nicht?"

„Nein. Bitte fragen Sie auch nicht mehr. Ich kann Ihnen das nicht sagen."

„Was ist denn los?" Ich spürte Sorge um Matteo, gepaart mit einer pädagogischen Skepsis.

„Ich darf darüber nicht reden. Habe ich doch schon gesagt!"

„Mit wem kannst du denn darüber sprechen?", lenkte ich um.

„Mit niemandem!"

Ich wartete lange, um ihm Gelegenheit zu geben, doch noch mehr zu äußern. Nichts mehr. Keine Antworten, aber auch keine Tränen mehr.

„Vielleicht überlegst du nochmal, ob du nicht doch mit jemandem darüber reden kannst, was dich ja offensichtlich belastet. Wir haben ja bei uns auch Beratungs- und Vertrauenslehrer." Ich nickte ihm aufmunternd zu. „Dann sehen wir uns in 10 Minuten hier wieder. Ich gehe bis dahin ins Sekretariat und informiere deine Eltern."

Mit wachen Augen hielt er mich zurück und fasste nach meinem Arm: „Versprechen Sie mir, dass Sie keinem etwas sagen werden?" Mein Blick zu ihm hinunter sollte so verbindlich wie möglich wirken. Was hatte der kleine Kerl auf dem Herzen?

„Das kann ich nicht versprechen, aber ich kann dir zusagen, dass ich nichts unternehmen werde, ohne mit dir vorher gesprochen zu haben."

Das schien ihm auszureichen, denn er ging zur Tür, schloss sie und lehnte sich verstohlen wieder gegen den Tisch.

„Mein Vater schlägt mich zu Hause." Sein Satz war klar und eindeutig formuliert. Ich setzte mich wieder.

„Bei welchen Gelegenheiten schlägt er dich?"

„Immer, wenn es Stress in der Schule gibt."

„Und wie? Also wohin?" Ich griff nach meinem

Notizbuch, schlug eine freie Seite auf und notierte kurz Matteos Namen, das Datum, meine Fragen und seine Antworten in Stichpunkten.

„Mit der Hand ins Gesicht und mit der Faust so in den Bauch."

Matteo ballte die rechte Hand zur Faust und deutete einen Schlag bei sich an.

„Weiß deine Mutter das?"

„Ja, die schlägt er auch, wenn sie was sagt."

„Hast du schon einmal jemandem davon erzählt?"

„Nein. Bitte sagen Sie das auch keinem. Ich vertraue nur Ihnen. Mein Vater schlägt mich kaputt, wenn er das rausfindet. Also, dass ich Ihnen das erzählt habe."

„Was soll ich denn deiner Meinung nach jetzt tun, wo ich doch jetzt weiß, wie deine Mutter und du zu Hause leiden, und dass ihr geschlagen werdet?"

„Lassen Sie mich einfach nach Hause gehen. Dann erfinde ich eine Ausrede, warum ich ein paar Minuten später bin und alles ist gut."

Ich hatte mich immer noch nicht entschieden, ob ich ihm glauben konnte oder eben nicht. „Warte hier auf mich. Ich verspreche dir, ich rede mit niemandem darüber jetzt. Ich bin gleich wieder bei dir."

Nachdem er mir zugenickt hatte, lief ich ins Sekretariat und fand Matteos Schülerakte auf Anhieb. Auf dem Weg zurück in den Klassenraum der 6A blätterte ich die außergewöhnlich umfangreiche Akte durch und blieb stehen, als ich bei einem Blatt mit der Überschrift „Aktennotiz: Vorwurf der Körperverletzung zum Nachteil von Matteo Haumann" angelangt war.

Zügig las ich dort, dass Matteo bereits vor mir verschiedenen Kolleginnen und Kollegen erzählt hatte, dass er zu Hause von seinem Vater geschlagen würde. Immer wieder hatte er diese Behauptung aufgestellt, wenn schulische Probleme an seine Eltern weitergegeben werden sollten.

Die Schulleitung hatte, so stand es da, mehrere Gespräche mit den Eltern geführt und aufgrund der Erheblichkeit der erhobenen Vorwürfe gegen den Vater die Polizei und auch das Jugendamt sowie den Schulpsychologischen Dienst informiert. Letztlich waren alle zu dem Ergebnis gekommen, dass der Vater weder die Mutter noch Matteo schlug, Matteo auch sonst in seinem Umfeld keine körperliche Gewalt erfuhr und er an einer frühen Form von Persönlichkeitsstörung litt, die ihn zur Vermeidung von Konfliktsituationen immer wieder lügen ließ.

Ich legte mir auf den letzten Schritten zurecht, wie ich nun mit Matteo ins Gespräch kommen wollte, ohne ihn zu blamieren. Er sollte wissen, dass er mich nicht belügen konnte und wir dennoch ein ungestörtes Schüler-Lehrer-Verhältnis würden führen können.

Als ich die Tür öffnete, war der Raum leer.

27

Ole

Im Bus hatte es noch vor dem ersten Kilometer auf der Autobahn nach Marihuana gerochen. Da gab es keinen Zweifel. Zwar hatte ich selbst in meinem Leben noch nie einen Joint auch nur angefasst, geschweige denn Hanfprodukte konsumiert, aber wie es roch hatte ich mir bereits nach meiner ersten Begegnung mit der Droge auf einer Party eingeprägt.

Meine Patrouille durch den Gang bis in die letzte Sitzreihe brachte zwar interessierte Nachfragen auf Seiten der Schüler, ob was wäre, aber keinen Ermittlungserfolg. Ich konnte grüne Krümel, Paper oder andere Hinweise auf Drogenkonsum weder entdecken noch ausschließen. Hier lag was in der Luft, aber ich musste mich geschlagen geben. Zunächst.

Wir waren auf dem Weg nach Hamburg auf Abschlussfahrt. Mit stetigen 100 km/h donnerte der Doppeldeckerbus an den langsameren LKW vorbei. Die Sommersonne blendete hinter ein paar Hochwolkenfeldern nicht und die Klimaanlage kämpfte gegen die hohe Außentemperaturen unermüdlich an.

Beim Ausstieg auf einem Rastplatz schlug mir die Hitze wie ein schwerer Vorhang entgegen. Ich ging ein paar Schritte den Platz hinab. Und wieder der Geruch nach Gras. Unverkennbar.

Meine Nase und mein Schritttempo reichten aber nicht aus, um den Konsum einem der Schüler sicher zuzuschreiben. Ole war die Dreistigkeit zuzutrauen, klar, aber um Maßnahmen zu ergreifen, hätte ich stichhaltige Beweise haben müssen.

Mit zwei Minuten Verspätung stieg die Chaotentruppe des Leistungskurses, bestehend aus Markus, Jannik und Ole, wieder in den Bus, nur mit etwa einem Meter

Abstand von mir. Da war wieder der Geruch. Ich würde die Jungs genauer im Auge behalten müssen.

Aus den Lautsprechern dröhnte Hamburger Platt. Die weiße Barkasse mit der hellblauen Aufschrift pflügte durch das Kielwasser eines riesigen Containerschiffs. Wir stampften. Ein bisschen Wasser spritzte über die stählerne Bordwand auf die erste Sitzreihe und sorgte für hysterisches Kreischen bei ein paar von unseren Mädels und angeekeltes Aufstehen von Markus.

Ole blieb, das konnte ich aus der vierten Reihe deutlich erkennen, regungslos sitzen, obwohl er mit Abstand am meisten Elbe abbekommen hatte. Jetzt hatte er offensichtlich realisiert, dass Markus aufgestanden war und eiferte ihm irritiert nach. Offenbar dachte er, wir würden von Bord gehen.

Durch das Aufrichten seines Körpers war ihm eine kleine Blechdose aus der Hosentasche auf den grün gestrichenen Decksboden gefallen. Der Deckel hatte sich gelöst und den Inhalt freigegeben. Ich blieb zunächst sitzen, reckte meinen Hals für einen besseren Blick und stand schließlich doch zur Irritation meiner Kollegin auf, die dennoch weiter von ihrer Studienzeit in Bremen und ihrer Liebe zu Maritimem erzählte.

Ich konnte kleine Kügelchen und Ovale an Deck beobachten, die Ole geradezu panisch auflas und wieder in der Dose verschwinden ließ.

Ich drängte aus der Sitzreihe heraus und sprach Ole an, der sich mit blutroten Schläfen gerade wieder gesetzt hatte.

„Nichts. Was meinen Sie?", fragte er zurück.

„Kann ich sehen, was Sie in den Hosentaschen haben?", erhöhte ich den Druck.

„Nein."

„Gut. Ich beobachte Sie." Ich musste mich geschlagen

geben. Eine Durchsuchung war ausschließlich der Polizei vorbehalten und Lehrern gleichsam untersagt. Ich durfte ihm zwar Dinge zeitweise wegnehmen, aber eben nicht aktiv nach ihnen suchen.

Während unsere Hafenrundfahrt in die Speicherstadt abbog, verdrückte sich Ole ans Heck des Schiffes in Richtung Toiletten. Falls er wirklich Drogen dabei hatte, wäre es klug, die nun noch zu entsorgen. Aber ich war mir auf keiner Ebene sicher, was ihn anbetraf.

Zurück im Bugbereich tanzte Ole ohne Musik auf der kleinen Freifläche zwischen den ordentlich gestellten Gartenstühlen. Immer wieder zog er dabei sein Shirt nach oben und unterstrich seine teilweise ungelenke Beinarbeit mit schrillen Schreien.

Hatte er sich jetzt tatsächlich auf dem Klo was geschmissen?

Eine halbe Stunde später legten wir an den Landungsbrücken wieder an und konnten über eine schmale Gangway wieder von Bord gehen.

Ich passte Ole ab und ging hinter ihm in Richtung Ausstieg. Nach dem ersten Schritt auf die kurze Gangway stoppte er. Fast wäre ich in ihn rein gelaufen, erschrak aber früh genug, weil er seinen Kopf ruckartig herumfahren ließ und mich aus weit aufgerissenen Augen anstarrte. Auf seiner Stirn perlte kalter Schweiß. Er war so weiß wie die Bordwand.

„Fick mal die Schlangen, Alter! Eyyyy... Kein Bock auf die Viecher!"

Er machte einen Schritt zurück und trat mir auf die Schuhe. Angst trieb ihn an.

Ich packte ihn am Arm und zog ihn beherzt von Bord.

Mir reichte es jetzt. Ich sprach mich mit Heike ab und begann ein paar Telefonate zu führen.

Am nächsten Morgen stand ich mit Ole und dessen Sporttasche auf Bahnsteig 14 des Hamburger Hauptbahnhofes. Der nächste Intercity würde ihn auf eigene Kosten zurück in die Heimat fahren.

Die Polizei hatte ihn nach der Bootstour gestern noch im Hafen durchsucht und in seiner Dose eine wahre Apotheke harter Drogen festgestellt, bestehend aus Koks, Marihuana, MDMA, Tilidin, Senax und Valium.

Die Schulleiterin Frau Hübner-Haberkorn hatte einem Ausschluss von der weiteren Fahrt sofort zugestimmt und die Erstinformation der Eltern übernommen, bevor auch ich mit ihnen telefoniert hatte. Das Ticket für Oles Rückfahrt hatten sie mir noch am Abend per Email zugesandt.

Die Nacht hatte er nach Rücksprache mit der Polizei nicht in einer Zelle, sondern alleine in einem Mehrbettzimmer im Hostel verbracht.

Als sich die Türen des Waggons öffneten und die ersten Fahrgäste einstiegen, drehte ich mich zu Ole. Schweigend hatten wir bisher nebeneinander gestanden. Es war alles gesagt. Schon lange.

„So. Dann trotz allem gute Fahrt", wünschte ich, froh den Kerl erstmal loszuwerden.

Ole griff nach seiner Tasche und schaute mich nun so von der Seite an, als habe ich einem Kindergartenkind sein Spielzeug grundlos weggenommen: „Herr Sieben, warum muss ich jetzt nochmal nach Hause fahren?"

28

Yunus und Devin

Montag:
Die komplette Deutschstunde hatte ich durchgehalten,
um das unausweichliche Gespräch, das ich führen
wollte, nicht in die Unterrichtszeit zu verlegen. Wenige
Worte und eine eindeutige Handbewegung reichten aus,
Yunus und Devin vom Ausgang weg, hin zu mir ans
Pult zu lotsen.
„Wo ward ihr am Freitagabend?"
Beide schauten sich wie in einer Komödie an und
lachten laut. Es dauerte einen Moment, bis sie sich
beruhigt hatten. Ich unterbrach sie nicht und wartete
einfach ab. Sie sollten spüren, dass ich Zeit hatte und
die Situation nicht witzig fand.

Am Freitagabend hatten wir auf Wunsch der Klasse eine
Übernachtung in der Schule angeboten. Meine Co-
Klassenlehrerin Frau Böhm und ich waren gemeinsam
mit der Referendarin Frau Haas am frühen Abend in die
Schule gekommen, um insgesamt mit nur sechs
Jugendlichen, drei Jungs und drei Mädchen, die Nacht
in der Schule zu verbringen, Pizza zu essen, Basketball
in der Turnhalle zu zocken, Filme über den Beamer im
Klassenraum zu schauen und lange zu erzählen.
Die anderen 23 Kinder unserer Klassengemeinschaft
hatten die Übernachtung größtenteils zwar auch zu
Beginn des Schuljahres eingefordert, sich dann aber aus
unterschiedlichsten Gründen doch gegen eine Teilnahme
entschieden. Geburtstagsfeiern, Besuche der Tante, ein
fehlendes Outfit für die Nacht oder auch einfach
mangelnder „Bock" waren mir noch am Nachmittag
vorher vor die Füße geknallt worden. Gegen eine
Absage hätte ich nichts einzuwenden gehabt, aber die

sechs Angemeldeten fragten so oft nach, ob wir die Aktion nicht trotzdem würden durchziehen können, dass wir gar nicht anders konnten.

Um kurz nach 2 Uhr hatte Frau Haas auf dem Rückweg von der Toilette einen Blick aus dem Fenster auf den Schulhof geworfen und festgestellt, dass unsere drei dort geparkten Autos großzügig mit Toilettenpapier umwickelt waren. Nach näherer Betrachtung entdeckte Gina im Gebüsch die Reste einer Industrierolle Toilettenpapier. „Bestimmt von Mc Donalds", kombinierte sie.

Es hatte etwas weniger als eine halbe Stunde gedauert, bis wir zu neunt alle drei Autos von dem vom Regen durchnässten Papier befreit hatten. Unter meinem Wagen hatte man noch einen Fahrradkorb geklemmt. Von den Tätern gab es keine Spur, aber die drei Mädels machten das, was sie zur Perfektion gebracht hatten: Social Media bedienen. Bereits um 3 Uhr hatten sie herausgefunden, dass Yunus und Devin ihren Eltern zwar gesagt hatten, sie würden in der Schule übernachten und sich auch die entsprechenden Unterschriften auf den Einverständniserklärungen hatten geben lassen, mir gegenüber aber noch am Vormittag beteuert hatten, dass ihre Eltern einer Übernachtung nicht zugestimmt hatten.

So hatten sie einen Freibrief erhalten, die Nacht ohne Aufsicht draußen zu verbringen. Offensichtlich war ihnen langweilig gewesen.

„Wovon reden Sie?", fragte Devin zurück. Sein Mund stand vor Vergnügen weit offen. Man konnte keinen Zweifel daran haben, dass sie genau wussten, wovon ich redete.

Ich wartete wortlos, fixierte beide abwechselnd.

„Was denn?", legte Devin nach, schaute Yunus an, der

das Reden lieber seinem Kumpel überließ und beide lachten wieder laut.

„Was los?" Devin spielte weiter.

Ich antwortete nicht gleich.

„Wer Autos von Lehrern mit Toilettenpapier einwickelt,..." Beide brachen erneut in lautes Gelächter aus. Yunus klatschte sich mehrfach mit der flachen Hand auf die Oberschenkel. Devin fiel das eigentlich im Schulgebäude verbotene Kaugummi aus dem Mund auf den Boden.

„...der spielt einen Streich", setzte ich fort. „Wer aber seine Eltern und seine Lehrer dreist anlügt, verspielt Vertrauen."

„Was für Eltern? Was wollen Sie jetzt machen?" Die gute Laune war schlagartig verflogen. Bei beiden.

Ich schwieg, schaute sie nur an.

„Machen Sie mal keinen Einunddreißiger!" Wieder redete nur Devin.

Ich wusste, dass er mit der Zahl auf den Paragrafen 31 im Betäubungsmittelgesetz anspielte, der Strafmilderung oder gar Straffreiheit für denjenigen ermöglichte, der seine Auftraggeber und Hintermänner offenlegte. Es war die straßentaugliche Abkürzung für einen Verräter.

„Es ist doch völlig klar, dass ich euren Eltern sagen werde, dass ihr am Freitag nicht in der Schule übernachtet habt. Was dachtet ihr?"

„Sie gönnen einfach nicht."

„Vielleicht überlegt ihr in der Pause mal, ob ihr Frau Haas, Frau Böhm und mir eine Entschuldigung gönnt."

Devin schnalzte abschätzig mit der Zunge.

„Wir werden nicht das letzte Mal darüber geredet haben. Entspannte Pause."

Ich drehte mich meinem Schreibtisch zu. Im Türrahmen drehte sich Yunus noch einmal um.

„Ach, Herr Sieben?" Er hatte die ganze Zeit über nichts gesagt. Würde er sich jetzt entschuldigen?

„Ich war beim Friseur. Geben Sie Nackenklatscher."

Er machte ein paar Schritte wieder auf mich zu und verbeugte sich so tief, dass sein Nacken leicht für meine Hand erreichbar war. Ein Nackenklatscher sollte unter den Jungs den Respekt vor dem frisch ausrasierten Nacken symbolisieren und traf in unbeobachteten Augenblicken jeden Jungen der Mittelstufe, wenn er vom Friseur kam.

„Sicher nicht. Du weißt, dass Gewalt verboten ist."

„Ist ja nur Spaß."

„Ich sage es nochmal: Nein!"

Er hatte nichts verstanden.

Dienstag:

Im Lehrerzimmer setzte sich Frau Haas neben mich, obwohl sie gewöhnlich an einem anderen Tisch saß. Wahrscheinlich würde sie wissen wollen, wie die Eltern auf die Nachtschicht ihrer Söhne reagiert hatten. Das wäre schnell erzählt, denn Devins Mutter hatte die ganze Geschichte bereits gewusst und mir versichert, dass sie mit ihrem Sohn sehr böse gesprochen hatte, während Yunus´ Vater mich am Telefon kaum verstanden und ich den ältesten Sohn schließlich mit seinem Vater zum Gespräch in die Schule gebeten hatte.

Aber Frau Haas rückte ein Stück zu nah an mich heran, um über Alltägliches zu sprechen.

„Friedrich, entschuldige bitte, dass ich dich in der Pause stören muss, aber eben in der Küche ist etwas passiert."

Frau Haas unterrichtete Hauswirtschaftslehre in meiner Klasse und stand dadurch regelmäßig mit ihnen in der Lehrküche. Manchmal bekam ich etwas von ihren gekochten Mahlzeiten ab, direkt an den Schreibtisch geliefert.

Die junge Referendarin berichtete mir aufgeregt, dass Merle ihr beim Abschließen der Küche nach der Doppelstunde gesagt hatte, dass bei einem Herd noch die Platten eingeschaltet seien. Sofort hatte Frau Haas daraufhin die Herde kontrolliert und tatsächlich vier Käufe auf der höchsten Leistungsstufe vorgefunden. Es war der Herd gewesen, an dem Mark, Atakan, Yunus und Devin gearbeitet hatten.

Frau Haas war völlig aufgelöst. „Was hätte da alles passieren können. Ich bin so dankbar, dass Merle so aufmerksam gewesen ist."

Ich beruhigte sie und setzte mich in Richtung Schulhof in Bewegung, um meine beiden Hauptverdächtigen zur Rede zu stellen.

„Was haben Sie gegen mich? Wieso sollen wir das gewesen sein?", fragte Devin zurück und klopfte sich dabei mit den Fingerspitzen beider Hände gleichzeitig einmal auf die Brust.

„Es war der Herd, an dem ihr gearbeitet habt."

„Haben Sie Mark und Atakan schon gefragt? Die waren auch dabei."

„Nein, aber das werde ich noch tun."

„Immer wir. Immer erst zu uns. Voll ungerecht."

Vielleicht hatten sie recht.

Mittwoch:

Vom Foyer aus zog sich durch den breiten Flur eine Spur von Sonnenblumenkernschalen. Vor der Tür des Klassenraums meiner Klasse endete sie abrupt.

Beiläufig fragte ich Yunus, ob er Sonnenblumenkerne dabei habe.

„Oh mein Gott. Ich schwöre: Nein!"

Ich ließ es so stehen und bat ihn noch, seine Jacke draußen zu lassen, wie alle anderen es auch machten.

Im Unterricht suchten Yunus und Devin immer wieder gegenseitigen Blickkontakt, obwohl sie von mir bereits zu Beginn des Schuljahres weit auseinander platziert worden waren. Sie kicherten. Irgendwas war hier faul.

„Was hast du im Mund, Yunus?", fragte ich den kauenden Jungen, der mich grinsend anschaute.

„Sag nichts!" befahl Devin von der Fensterseite.

„Kerne?" Die Frage erübrigte sich.

„Ich möchte den Beutel mit den Kernen bei mir auf dem Pult haben und wir drei sind nach Schulschluss zum Ordnungsdienst verabredet."

Es kamen die üblichen Kommentare und Diskussionsversuche von Devin und beleidigt wütendes Faust-auf-den-Tisch-Knallen von Yunus, aber es blieb dabei.

Am Nachmittag fegten sie neben dem Klassenraum auch den Flur und das gesamte Foyer.

„So viel Dreck, Alter. Das waren wir ja gar nicht alles!", schimpfte Devin.

„So ist das in einer Gemeinschaft. Da macht man eben auch etwas für die anderen."

Yunus fegte schweigend. Sein Blick ging nun zum zweiten Mal auffällig hin zu den gestapelten Getränkekisten vor dem Büro des Hausmeisters Herrn Kramp. Ein Lieferant hatte sie dort vor ein paar Minuten gestapelt.

„Herr Sieben? Kann ich eine Apfelschorle? Ich habe Durst."

Yunus wurde in zwei Monaten 16.

„Die gehören nicht mir. Deshalb geht das nicht. Die sind für das Kiosk von Herrn Kramp."

„Ich gebe Ihnen morgen das Geld. Ich habe Durst."

„Wie gesagt. Das geht nicht. Ich kann dir gleich Wasser geben, wenn wir fertig sind. Ich habe noch was im

Lehrerzimmer."

„Kein Bock auf Wasser. Geht nicht Apfelschorle? Nur eine."

„Yunus. Ich habe es jetzt schon zwei Mal erklärt. Die Getränke gehören mir nicht. Deshalb kannst du dir keine Flasche nehmen."

„Merkt doch keiner. Sind doch so viele." Er deutete mit dem rechten Arm auf die Kisten, als müsse er mir den Überfluss an Getränken präsentieren.

„Das wäre Diebstahl. Egal wie viele Flaschen da sind. Und natürlich würde Herrn Kramp das auffallen."

„Ich habe so Durst. Voll die schwere Arbeit."

„Wasser hast du abgelehnt. Da kann der Durst nicht so schlimm sein."

„Ok. Ok. Ich nehme Wasser!"

„Ihr fasst die Flaschen nicht an! Ich hole euch Wasser."

Als ich aus dem Lehrerzimmer mit zwei Gläsern Mineralwasser zurück kam, leerten die beiden gerade die letzten Schlucke aus jeweils einer Flasche Apfelschorle aus der obersten Getränkekiste.

Obwohl klar war, dass ich sie erwischt hatte, drehten sie blitzschnell die Verschlüsse wieder auf die Flaschen und knallten sie wieder zurück in die leeren Aussparungen der Kiste. Jetzt grinsten sie mich an.

Donnerstag:

Herr Kramp hatte die beiden nach meinem Hinweis noch vor Beginn des Unterrichts handfest beschimpft und ihnen mit einer Anzeige wegen Diebstahls gedroht. Erst daraufhin hatten die beiden ihre Getränke vom Vortag bezahlt und sich halbherzig entschuldigt.

Devins Mutter hatte wieder einmal beteuert, alles mit ihrem Sohn besprechen zu wollen. Yunus´ Vater würde heute Nachmittag sowieso zum Gespräch kommen. Wir würden nun etwas mehr zu besprechen haben.

Ich wollte nun in den Computerraum mit meiner Klasse gehen, um für ein Zeitungsprojekt Artikel zu recherchieren. Den Schlüssel für den Sonderraum hatte ich mir bereits in der Pause gegen Unterschrift im Sekretariat besorgt und ging nun an der Spitze meiner Klasse, um die Lautstärke und das Schritttempo von hier aus, das hatte die Erfahrung gezeigt, ideal kontrollieren zu können.

Devin war mit nahezu einer Zweidrittelmehrheit zum Klassensprecher gewählt worden, weshalb ich ihm meinen Schlüssel übergab und ihn bat, das Klassenzimmer als letzter abzuschließen.

Ich wies ihn darauf hin, dass ich ihm dadurch mein Vertrauen, trotz seines andauernden Fehlverhaltens unter Beweis stellte. Auf meine abschließende Frage hin, ob ich ihm denn wieder vertrauen könne, sagte er zu.

Nur wenige Sekunden nach der Klasse erreichte er den Computerraum und gab mir meinen Schlüssel zurück.

„Hat alles geklappt?"

„Ja, sicher."

Yunus rief: „Bruder, komm hier!"

Ich nickte Devin zu.

In der großen Pause sprach mich Frau Kühn an, die ihre 10. Klasse im Raum neben meiner 8. Klasse unterrichtete.

„Sag mal, war Devin in der letzten Stunde mal aus deinem Raum raus?", fragte sie geheimnisvoll.

„Wir waren im Computerraum."

„Als ich gerade eben aus dem Raum der 10A raus wollte, war abgeschlossen. Ich musste mit meinem Schlüssel von innen aufschließen. Kannst du dir das erklären?"

Devins Mutter verteidigte ihren Sohn: „Das war keine Absicht, Herr Sieben. Devin dachte, er solle alle Räume abschließen." Ich hörte im Hintergrund jemanden rufen: „Drecksschule!"

Yunus war nach Schulschluss nach Hause gegangen, anstatt sich bei mir zu melden und auch sein Vater hatte offensichtlich etwas Wichtigeres vorgehabt, als mit mir ins Gespräch zu kommen. Er erschien nicht. Auch nicht mit Verspätung. Sein Telefon war ausgeschaltet.
Ich tippte ein paar Sätze auf das Formular der Aktennotiz, druckte sie aus und ließ sie im Sekretariat in die Schülerakte gleiten.

Freitag:
Der Unterrichtsgang zum Amtsgericht war seit Wochen geplant gewesen und nach Beratung mit Frau Böhm, der Co-Klassenlehrerin, waren wir zu dem Entschluss gekommen, Yunus und Devin mitzunehmen, da wir die Teilnahme an einer Strafgerichtsverhandlung gerade für die beiden als pädagogisch besonders wertvoll hielten.
Vor dem Eintritt in den Verhandlungssaal 23 schärften wir der Klasse noch einmal ein, dass sie sich absolut ruhig und respektvoll zu verhalten hatten. Keine Zwischenrufe, kein lachen, kein Kaugummi, keine Kopfhörer, kein Handy. Wir kontrollierten, ob alle Handys ausgeschaltet waren und traten ein.
Im Vorfeld des Unterrichtsgangs war mir die Abteilung von Richterin Dr. Andrea Graf empfohlen worden. Sie sei auch offen für ein anschließendes Gespräch mit den Schülerinnen und Schülern.
Die Anfangszeiten der Verhandlungstermine für diesen Tag hatte ich dem Sitzungsverzeichnis des Amtsgerichts online entnehmen können. Über den Inhalt des

Strafverfahrens erfuhr man dort nichts.

So erlebten wir nun mit unseren Achtklässlern, wie der mutmaßlich vom stämmigen Angeklagten verprügelte Geschädigte mit einfachen Worten sehr offen und dennoch ängstlich naiv berichtete, wie er sich in einer Kneipe mit einer Prostituierten zum Analverkehr für 100 Euro verabredet hatte. Auf dem gemieteten Zimmer über der Kneipe angekommen und ausgezogen, habe die Zeugin ihm dann zunächst die vereinbarte Summe abgenommen, ihm gedeutet sich nackt auszuziehen, sodann aber den Geschlechtsverkehr verweigert. Er habe noch einmal gefragt, was denn los sei, dann seine Unterhose wieder angezogen und wenigstens 50 Euro zurück verlangt, weil ja auch nichts passiert sei. Daraufhin habe die Zeugin das Fenster zur Straße hin aufgerissen und mehrfach laut gepfiffen. Dann habe er jemanden die Treppe raufpoltern gehört und ab da wisse er nicht mehr viel. Er sei im Krankenhaus aufgewacht und habe seitdem durchgehend höllische Kopfschmerzen, könne sich nicht mehr konzentrieren und würde nun in seiner Firma keinen Gabelstapler mehr fahren können, sondern müsse die Post verteilen.

Der Angeklagte, der den Prozess schweigend und grinsend neben seinem Verteidiger verbrachte, wurde frei gesprochen. Die Prostituierte berief sich mit Hilfe einer Übersetzerin auf ihr Zeugnisverweigerungsrecht, da sie mit dem Angeklagten verlobt sei. Da halfen auch die bohrenden Fragen von Frau Dr. Graf nach einem Hochzeitstermin nichts. Fremde DNA im Gesicht des Geschädigten hatte die Polizei erst sichern wollen, als man ihn bereits operiert und gewaschen hatte. Es gab keine Beweise.

Ich war während der gesamten anderthalb Stunden immer wieder unruhig auf meinem Stuhl hin und her gerutscht, hatte Blickkontakt zu Frau Böhm gesucht und war die Gesichter meiner Schüler mit den Augen abgegangen. Einige mussten sich zwar auf die Zunge beißen, um bei „Arsch", „ficken" und „Sex" nicht laut loszulachen, aber sie hielten die verlangte Disziplin. Alle. Auch Yunus und Devin, der eine neben mir, der andere am andere Ende der Sitzreihe neben Frau Böhm.

In der Pause danach durften die Kinder in Kleingruppen in die Kantine des Gerichts gehen, während Frau Böhm und ich die Verhandlung auf einer Bank im Flur Revue passieren ließen.
Zur verabredeten Zeit waren alle wieder bei uns auf dem Gang, nur Yunus und Devin fehlten.
Frau Böhm ging schließlich mit der Klasse alleine zurück in den Verhandlungssaal für die nächste Strafsache, während ich auf der Bank weiter wartete.
Erst 40 Minuten später erschienen die beiden fröhlich wieder vor mir.
„Wo ward ihr? Ihr seid 40 Minuten zu spät."
„Da konnten wir überhaupt nichts für. War übertrieben voll bei Mc Donalds", rechtfertigte Devin.
„Wie bitte? Mc Donalds?" Ich konnte es kaum glauben. Die nächste Filiale war sicher zwei Kilometer von hier entfernt.
Devin legte die Stirn in Falten und glotzte mich erstaunt an.
„Sie haben doch gesagt, wir können uns was zu essen holen."
„Hier in der Kantine. Doch nicht bei Mc Donalds!"
„Was bedeutet Kantine? Wir sind mit der Bahn zu Mäcces gefahren. Hat halt ein bisschen länger gedauert."
„Der Ausflug ist für euch an dieser Stelle beendet und eure Verspätung werdet ihr nächste Woche nacharbeiten. Bei den beiden nächsten Betriebsbesichtigungen werden

wir euch nicht mitnehmen können, wenn ihr nicht zuhören könnt."

Die beiden schauten sich wieder an und lachten laut. Ich verstand es nicht. Das war mehr als eine reine Übersprungshandlung zur Überspielung der Peinlichkeit.

„Warum lacht ihr?"

„Weil Devin lacht", prustete Yunus und klatschte sich wieder einmal auf die Beine.

„Und warum lachst du, Devin?"

„Wegen ein paar Minuten so eine Strafe. Das ist echt ein Witz!"

Samstag:
Die Email las ich noch im Bett liegend:
„Lieber Friedrich,
entschuldige bitte, dass ich mich jetzt erst melde, aber gestern warst du mit deiner Klasse auf Ausflug und am Donnerstag bin ich nicht mehr dazu gekommen, dich anzusprechen. In Chemie haben Yunus und Devin am Donnerstag ohne Erlaubnis ihren Bunsenbrenner in Betrieb genommen und ihre Chemiebücher über die Flammen gehalten. Beide Bücher sind dabei zerstört worden. Sie gehören der Schule und müssen ersetzt werden.
Ich habe mit der Schulleitung schon abgesprochen, dass die beiden von allen praktischen Experimenten für dieses Schuljahr ausgeschlossen sind. Sie werden nur noch abschreiben.
Wir sprechen uns am Montag.
Trotzdem ein schönes Wochenende!

Gruß
Dörthe"

Sonntag:

Vorm Fernseher sitzend erreichte mich der Anruf auf dem Handy von einer unbekannten Nummer. Ich freute mich tatsächlich den Vater von Yunus am Telefon zu haben, der meine Anrufe und unsere Verabredung unter der Woche erfolgreich ignoriert hatte.

Meine Versuche, mit ihm über das Verhalten seines Sohnes und die daraus resultierenden Konsequenzen zu sprechen, blockte er schnell ab. Das war nicht Grund seines Anrufes. Er wollte Yunus vor den Herbstferien eine halbe Woche lange beurlauben lassen. Die ganze Familie würde zu einer Hochzeit verreisen müssen und die Flüge seien zu Beginn der Ferien viel teurer als am Mittwoch vorher. Ich sagte ihm, dass das zwar die Entscheidung der Schulleitung sei, ich jedoch recht sicher sei, dass die Beurlaubung auf dieser Begründung nicht gewährt werden würde. Als er mich verstanden hatte, sagte er, dass er das dann anderes werde regeln müssen und beendete das Gespräch, bevor ich einen weiteren Versuch eines Themenwechsels unternehmen konnte.

Yunus fehlte ab Mittwoch in der Schule und schickte mir auf meine Nachfrage hin ein Foto eines ärztlichen Attests für die letzten Schultage vor den Ferien. Der Arzt hatte seine Praxis 40 Kilometer von Yunus´ Wohnadresse entfernt. Sein Vater hatte es anders geregelt.

Nachwort

Boris, was denkst du über das Buchprojekt?
Als das Projekt startete war ich weniger optimistisch, ob das Buch tatsächlich so wird, wie ich es mir vorstellte. Es stellte sich aber heraus dass wir genau die Ideen so umsetzen konnten, meist sogar noch besser. Das Buch war für mich etwas ganz Neues. Ich wusste noch nicht, was auf mich zu kam, aber ich wusste es wird super. Durch das Buch hab ich viele Dinge mit anderen Augen gesehen. Ich würde sogar sagen, es trägt zu meiner Reife bei.

Wie sah die Arbeit am Buch konkret aus?
Anfangs trafen wir uns in regelmäßigen Abständen. Nach einem halben Jahr wurde es immer unregelmäßiger, aber wir kamen trotzdem gut voran, trotz einiger Hürden.

Was war das Wichtigste für dich im Rahmen des Projekts?
Die wichtigste inhaltliche Frage von Friedrich an mich war, was ich an Schule ändern würde. Ich würde Schule zu einem Ort machen, wo man gerne hingeht. Für Schüler, die sowohl praktisch oder auch theoretisch ihre Stärke zeigen können. Und diese Stärken sollte man fördern. Es macht einen Schüler nichts mehr kaputt als ein Fach, was du nicht verstehst oder einfach nicht sein Ding ist. So würden wahrscheinlich auch Schulabgänger einen größeren Kompetenzbereich haben und diesen Bereich dann für ein Studium anstreben.

Wie hat dein Umfeld auf das Projekt reagiert?
Ich erzählte nicht vielen von diesem Projekt, da es hauptsächlich eine Überraschung sein sollte. Doch

meine Eltern, meine Freundin und mein bester Freund erfuhren davon und sie waren begeistert.